Fax teatro te quiero

(Antología personal)

PIEDRA DE LA LOCURA

Colección
Homenaje a Alejandra Pizarnik

Homage to Alejandra Pizarnik
Collection
STONE OF MADNESS

Telmo Herrera

FAX TEATRO TE QUIERO

(ANTOLOGÍA PERSONAL)

Nueva York Poetry Press LLC
128 Madison Avenue, Office 2NR
New York, NY 10016, USA
Telephone: +1(929)354-7778
nuevayork.poetrypress@gmail.com
www.nuevayorkpoetrypress.com

Fax teatro te quiero
(Antología personal)
© 2024 Telmo Herrera

ISBN-978-1-958001-88-2

© *Stone of Madness Collection vol. 20*
Personal Anthologies
(Homage to Alejandra Pizarnik)

© Prologue & Blurb:
Monica Sarmiento Archer

© Publisher & Editor-in-Chief:
Marisa Russo

© Editor:
Francisco Trejo

© Layout Designer:
Montezuma Rodríguez

© Graphic Designer:
William Velásquez Vásquez

© Author's photograph:
Personal archive

© Cover and interior Artist:
Telmo Herrera

© Sponsor:
Bicultural **C**ommunity **o**f the **A**mericas

Herrera, Telmo
Fax teatro te quiero (Antología personal); 1ª ed. New York: Nueva York Poetry Press, 2024. 268 pp. 6"x 9".

1. Ecuatorian poetry   2. South American poetry

All rights reserved. No part of this publication may be reproduced, distributed, or transmitted in any form or by any means, including photocopying, recording, or other electronic or mechanical methods, without the prior written permission of the publisher, except in the case of brief quotations emboied in critical reviews and certain other non commercial uses permitted by copyright law. For permissions contact the publisher at: nuevayork.poetrypress@gmail.com.

PRÓLOGO

"Poesía directa"
en Fax Teatro Te Quiero de Telmo Herrera

Después de leer, analizar y describir la obra del poeta, quiero acercarme a ella partiendo de las diversas conversaciones con el autor. Considero que su poesía se conoce mejor cuando se intercambian opiniones y se reconoce al autor, en este caso me acerco a la obra del polifacético Telmo Herrera, un creador, dramaturgo que se alimenta del grafismo, del teatro, la novela y en estos universos, va creando uno nuevo que lo lleva a la poesía.

Ciertamente Herrera ha vivido en París por más de 50 años. Es un ecuatoriano que ha creado toda su obra fuera del país, y que no ha perdido su identidad, ni su sentido del humor, todo lo contrario ha sabido acercar la idiosincrasia costumbrista de su país y a través de su obra literaria ofrecer una sutil mezcla de realidad y ficción poética. La poesía de Herrera goza de la absoluta libertad de expresión.

Cómo analiza la académica de la Universidad de Paris Nanterre, Emmanuelle Sinardet. Herrera es un electrón imposible de asociar a una generación o estilo. Goza de independencia y como creador es un

"Todo Terreno". En una posición de reflexión permanente sobre el poder del arte en el tiempo y en la sociedad, trabaja con una urgencia vital en constante desafío. Siempre alejado de los cánones crea su propia expresión poética.

Enfatiza Sinardet que su obra nace de un fructífero diálogo entre la narrativa, cuento autobiográfico/ficción, teatro y poesía, de ahí que con versatilidad pasa de la poesía a la novela, de la novela al cuento corto, al teatro y al dibujo gráfico de simbologías y figura abstractas, que bien podrían representar esa multitud de personajes reflejados en su obra.

Al leer la poesía de Herrera se disfruta porque es pura, no busca la metáfora alambicada, sus textos se estructuran a partir de pequeñas narraciones en versos o hiperbreves relatos. Se dejan leer por que son directos y claros, no se necesita volverla a leer. Cuentan historias cortas, relatos yuxtapuestos, como un flash luminoso, pinceladas espontáneas del momento. Es lo que él llama "poesía directa". El carácter de su narrativa es autónoma, relatos compuestos como un mosaico para formar un árbol en su conjunto.

En su discurso interactúa con sus personajes, se adentra en ellos, indaga en sus biografías, les hace preguntas y trata de sacarles información. Como describe Sinardet, va moldeando una obra creada en la memoria que progresivamente está en la espiral del "presente en París y del pasado en el Ecuador donde él se alimenta y nutre a sus personajes".

El humor como una expresión cultural

Telmo Herrera nos revela y nos acerca a su mundo reflejado por el sentido humorístico es algo que siempre lo vio en Quito. Como él dice se educó y crió en esta ciudad donde hay mucho humor. Se cuentan una diversidad de chistes y cree que la ironía forma parte de nuestra idiosincrasia. El ingenio acerca al humor incluso de hechos trágicos.

Las personas que han leído la obra saben que escribe y se expresa con una espontaneidad categórica. Al hablar comparte la ingeniosidad, la ocurrencia, de este modo en sus textos, va creando una relación directa con el lector, de ahí que su poesía llega más rápido, "porque al lector le gusta el humor".

Como menciona Christian Roinat en la obra de Herrera crea ambientes imposible de creer de acuerdo a las normas cartesianas. Su creatividad debe apartarse de las normas académicas para ser única y resaltar un lenguaje natural, lleno de humor, ingenuidad e idiosincrasia. En su obra la acción poética transcurre en una atmósfera que pareciera irreal.

Navega en un ambiente de fantasía y realidad muy bien definido por el autor como "poesía directa". Ya que esta nace al escuchar hablar a los demás, poniendo sus oídos al alcance y al servicio de lo que la gente cuenta, dice o decía. Añade el poeta: en aquellos tiempos recorriendo en los buses, recreos y reuniones de amigos en una esquina del barrio e incluso en los velorios.

El poeta mantiene la pureza de la expresión. Tal como él lo había escuchado, como si los poemas ya estaban sugeridos, mucho más que eso, hechos y lo único que tenía que hacer, era escribirlos. Los protagonistas de su obra unas veces dicen la verdad, otras mienten, y para evitar confrontar la veracidad se recrean en su propia fábula, se inventan su existencia llena de imágenes como si nos adentraremos en una obra de Toulouse-Lautrec. El poeta se acerca a sus personajes, los estudia, los confiesa, los comprende. Su analisis discurre sobre el misterio del sexo opuesto, su imaginacion, expresión, sentimiento y emociones.

Cuando Herrera llegó a Francia se informó, siguió leyendo revistas, diarios semanales o mensuales que relatan hechos diarios de política, religión, guerras, matrimonios con humor. Se nutrió de revistas cómo Hara Kiri, Charlie Hebdo... Recuerda que: "cada vez que hay la oportunidad digo: a ver cuenten chistes y no chismes".

El indagar en el ser humano le ha permitido conocer más sobre sus personajes y lectores. Recuerda que en la Librería Quilombo en Sevilla, España, después de haber asistido y escuchado la presentación de un libro de poemas muy tristes y trágicos, él dijo que sería bueno que digan lo mismo con humor. Los poetas o escritores de versos quedaron en verse una vez al mes para leer poesía llena de humor. Herrera regresó a París, y posteriormente volvió a Sevilla donde la idea latente de leer poesía de humor no se había realizado. Por causa de la pandemia no se pudieron concretar los proyectos.

Reinterpretar el nuevo estilo de la "Poesía directa"

Muchas veces se ha confundido la obra de Herrera, ya que se ha planteado desde una interpretación según la cual, la tradición que constituye una suerte de reescritura del amor "hereos o de la aegritudo amoris" ya desde una literatura que siempre ha representado la melancolía sufrida por los hombres, causado por el rechazo amoroso de las mujeres y asociada a la teoría de los humores.

En esta obra no se plantea la idea de las "damas burladas". Ni se espera demostrar que la conducta penitente de sus personajes constituya una reproducción contrapuesta del erotismo de las mujeres. La poética de Herrera inteligentemente nos descubre la sexualidad y las primeras relaciones carnales, planteadas como un impedimento para el desarrollo del amor espiritual, pero condenadas o demonizadas por la sociedad conservadora. De ahí también que tanto la literatura como la paraliteratura castellana que se distinguieron del buen amor (espiritual y divino) y del malo (pasional y físico) se confundan.

La poesía de Herrera es de un ingenuismo amoroso y amatorio, del primer despertar del cuerpo físico y su desarrollo. Quizá nos recuerde a ejemplos de la línea de obras tan insignes como El Corbacho, de Alonso Martínez de Toledo, o el Libro del buen amor de Juan Ruiz. La clasificación de amores de acuerdo con la aceptación o el rechazo de los apetitos sexuales fue transversal a la mayoría de las concepciones amatorias de distintas épocas.

Por otra parte, en la literatura e iconografías cristianas muestran el rechazo a la mujer, con rasgos desagradables o por el contrario, su influencia por la belleza capaz de seducir al varón y conducirlo al infortunio. Jacques Le Goff y Jean-Claude Schmitt aportan en su descripción del Diccionario razonado de Occidente medieval, que había una diferencia evidente en el plano sexual y por eso en diferentes épocas frecuentemente advertían al sexo masculino sobre los riesgos que acarrea dejarse tentar por los placeres de la carne y complacer demasiado al sexo opuesto. Ciertamente, para el mundo estas escenas se verían inconcebibles ya que la naturaleza física de hombres y mujeres no era la misma. En esta obra hablamos de personajes que por el instinto natural van actuando y descubriendo emociones compartidas.

La obra de Telmo Herrera, Teatro fax te quiero, nace de las vivencias de su entorno.

Representa la expresión de una cultura ligada a cánones tradicionalistas y es la curiosidad, la creatividad que al poeta lo lleva a experimentar, reflexionar y escribir a partir de los dieciséis años en Quito estas historias.

Pero no fue sino hasta los treinta y seis años en París, mirando la Torre Eiffel desde la ventana de su buhardilla de escritor donde se comenzó a dar forma a la edición de estos poemas. La peripecia del amor puede desbordar "inverosímiles historias de magia y vértigo", de experiencias de los primerizos amores de la infancia y juventud renacen en la memoria del poeta con aquella frase de ingenuidad consentida "no se lo cuentes a nadie" !A nadie! "Mágicas, púdicas y estremecedoras palabras que desembocaron en una avalancha de creatividad" a la cual el poeta obedeció con su propia creatividad.

MONICA SARMIENTO-ARCHER
Hofstra University, New York 2023

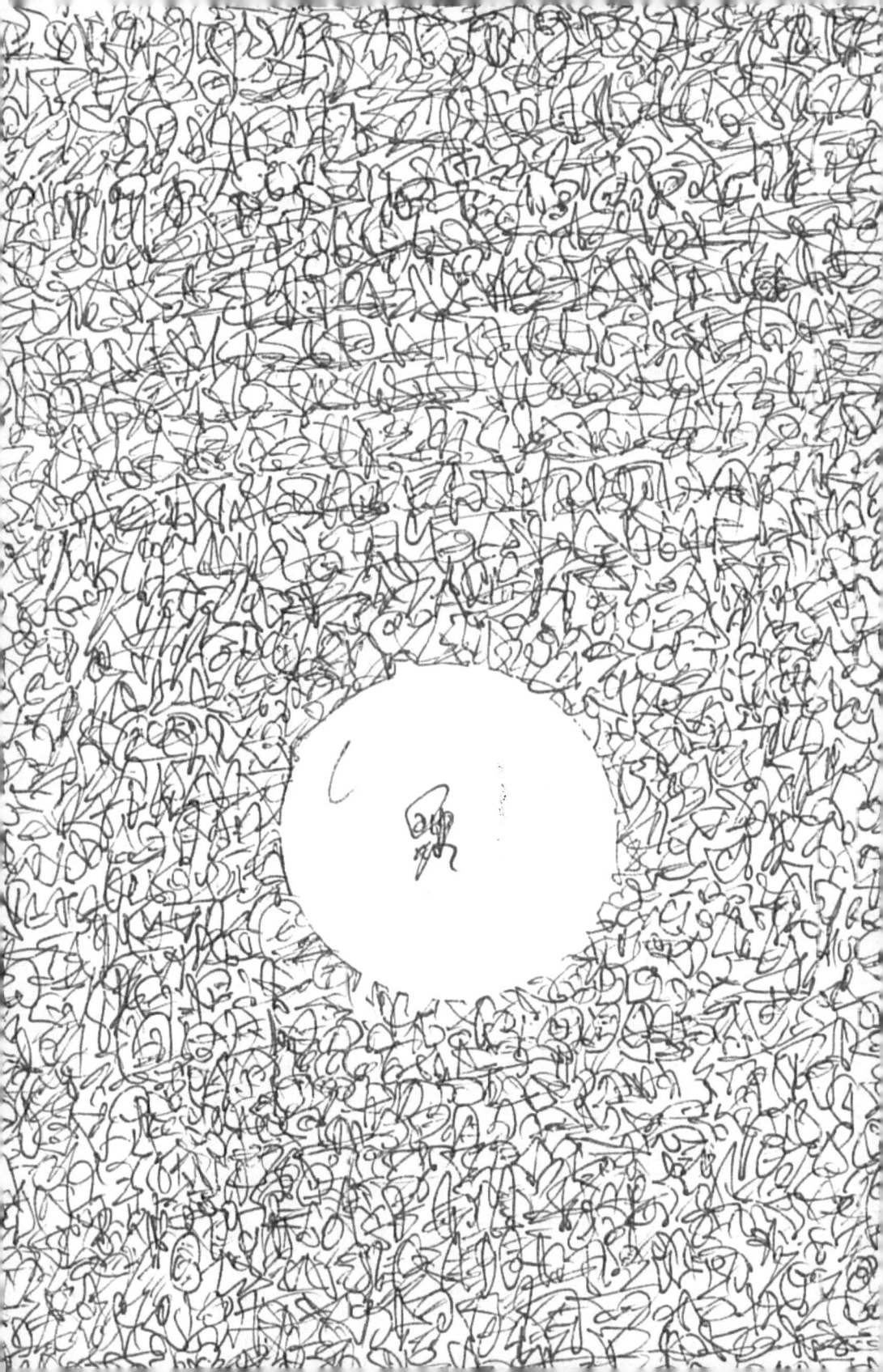

Palabras del Autor

(c) Telmo herrera 1984

Todo tiene su anécdota o, como dicen algunos pensadores "su principio y su fin". Estos poemas jamás los hubiera escrito sino hubiera regresado de una manera intempestiva a Quito en el año 1983.

Después de catorce años de ausencia volvía a mis montañas, nevados, lagunas...

En una reunión a la cual yo no estaba invitado conocí a una guapísima quiteña. A las tres de la mañana en su destartalado pero simpático auto Wolswagen rojo me acompañó hasta la casa de mis papás...

Nos seguimos viendo para "conversar". Poco a poco, como es normal, nos fuimos enamorando. Un día, en el panecillo le tomé de la mano, la besé en los labios, en el cuello... Lo interesante del romance es que ella, desde la noche que nos conocimos, me hizo comprender que jamás había tenido y mantenido un noviazgo serio: "¿Más pura y virgen que ella?, ninguna"

Poco a poco, a lo lejos, en el horizonte veíamos, como un oasis, que una hermosa, flamante, ondulante y perfumada cama, en algún hotel, en la casa de sus papás o en el departamento de una de sus amigas, nos guiñaba el ojo, incitándonos a que apresuráramos los pasos.

Como lo inevitable se iba, poco a poco, perfilando en el horizonte, llena de una profunda pena "por no haberme conocido antes", me fue contando, o mejor dicho, haciéndome comprender que en realidad ya no pertenecía al inquieto paraíso de las vírgenes, porque allá, cerca del río Napo, en una de las haciendas de sus tíos, por mucho galopar sobre esbeltos lomos de potros, caballos y vaquillas de raza había dejado escapar, en un finísimo velo de sangre... Aún más, llena de coraje, cierta tarde, para darles envidia a sus primos y primas se había atrevido a galopar sobre el lomo de un negrísimo toro de pesadilla. Y eso no es nada, insistió, en el colegio fui campeona de atletismo, sobre todo en salto de vallas, de ciclismo y siempre he sido una excelente nadadora, trepadora de sogas y de árboles frutales. También he practicado la danza clásica y soy número uno para caer al piso completamente descuartizada.

"Mentirosa" le decía yo con la mirada, "mentirosa" pero no importa, sigue engañándome porque el amor es ciego.

Que nunca había besado con los labios abiertos... que le habían besado, eso sí, y que para no ofenderle al otro, para no perder lo más lindo que hay en este mundo, "la amistad", se había dejado "estampillar" algunos inocentes y angelicales besos en las mejillas y en los labios completamente cerrados, impenetrables... que su lengua únicamente había recibido hostias y que jamás se había dejado acariciar los senos, peor aún las rodillas y los muslos y jamás de los jamases, nadie, "nunca" ni ella mismo había palpado su preciosa intimidad. "Imagínate" decía, poniéndose colorada y tímidamente, bajando la mirada, que ni en el espejo he atrevido a mirarle a mi "despampanante" cuerpo, como me dicen algunos piropos o "espontánea poesía donjuanesca" de una descarada manera, desnuda y provocadora para que hasta mis inocentes manos, que "solo saben unirse en oración y orar lo divino" no caigan en la tentación, resbalar sin frenos por mis curvas y que uno de mis dedos, el más atrevido y sinvergüenza, el más pícaro y yo misma, no se descalabren al precipicio sin fondo de la lujuria.

No dejaba, entre confesiones de amor eterno, de jurarme que nunca se había, realmente, encamotado[1] pero que ahora sí, clamaba llorando de alegría su enamoramiento, andaba loquísima y trastornada y que, por lo tanto, estaba dispuesta a cometer por amor, únicamente por él, por el divino y sagrado amor que sentía por el "extranjero" cualquier locura, incluso el de quedarse encinta. Encinta o preñada, como tu quieras, insistía, porque si llegamos a hacer "como se debe hacer" el amor no será únicamente por placer, algo tiene que quedar, decía acariciándose con infinita ternura, que me partía el alma, el vientre, como fruto de nuestro "sagrado" compromiso.

Poco a poco me iba desvelando sus penas, frustraciones y desaires, en definitiva... que bueno, que yo tengo que comprenderla y sobre todo que no la juzgue mal o "simplemente", "que no la juzgue" por el hecho de ya no, si no era culpa suya además, pertenecer al mundo de las transparentes y esbeltas reinas de belleza porque, como tu sabes, "extranjero", para ser elegida como la más guapa e inteligente de la ciudad hay que pertenecer al mundo de las más puras e inocentes de las vírgenes. Ni para ser Santa, el vaticano, te martiriza tanto, imploraba.

---

[1] Enamoradisisísimo.

"Por favor, no lo cuentes a nadie, a nadie, ¿me oyes?, ¡a nadie!" me suplicó después de la primera vez. Su pedido me sorprendió. Era más que evidente que "lo nuestro" yo no iría a contar a nadie. Pero claro, reaccioné rápidamente, Quito no es París. Una chica parisina jamás te pediría que a nadie divulgues la noche "divina" y llenas de "oui oui" estrellado que has pasado con ella, es evidente, lógico, ético y todo lo que uno quiera, que en cualquier parte del planeta, supongo y espero no equivocarme, los encuentros de amor "por más efímeros que sean" hay que protegerlos con el más profundo silencio y respeto. Salvo, si por pura maldad, se desea crear la cizaña". Pero claro, yo no pertenezco a esa categoría de "hombres sin corazón".

"Por favor, no lo cuentes a nadie, a nadie, ¿me oyes?, ¡a nadie!". Esas mágicas, enternecedoras y púdicas palabras desencadenaron en el interior de mi escondido recuerdo todo una "avalancha de historias" que yo pensaba las había, desde hace largo rato, olvidadas y que yo mismo las había vivido, visto, o que me habían contado y otras que, entre amigos del barrio, del colegio y de la universidad, nos habíamos inventado para reírnos de la vida o de nuestra propia mala suerte, sobre todo, tratándose de "nuestros trágicos, diabólicos y primerizos amores".

Sin querer volvía a recorrer con mi recuerdo por algunas calles, salones, patios, aulas de clase, salas de cine... de mi infancia y de mi juventud.

Y mientras ella le iba llenando, hasta desbordar, a mi cabeza de inverosímiles historias para justificar su pérdida de la virginidad, los poemas que escribo en este libro se iban desencadenando de una manera mágica y vertiginosa.

Entonces, puedo afirmar, que estos... ¿poemas?... que no los pude escribir, peor editar y publicar, cuando yo tenía dieciséis - dieciocho años, los pensé en Quito y los escribí a los treinta y seis años en París, mirando, desde el marco de mi buhardilla La Torre Eiffel.

(c) Telmo herrera 1984

FAX 1

Eclipse.

Por los dos
o por ninguno.

Por el Uno, nada más.
Por el otro, tengo miedo.
Mucho miedo.

Por el otro, hoy.
Y dejamos el Uno
para otro día.

El Uno te lo doy, Hoy.
No los dos.
El Otro, te lo daré
cuando esté doblemente
enamorada.

Hasta luego, entonces.
Decídete.
Por los dos
o por ninguno.

¡Por ninguno!

No. No te vayas.
Quédate.
Por los Dos,
¡o por ninguno!

FAX 2

Cara o cruz.

Esto, no me gusta
para nada. Para nada.
Siempre lo mismo, igual.
Nada.

Pero al principio
te gustaba tanto
que te encantaba.

Que hoy, ya no te encanta
lo que ayer, te gustaba.
Tampoco, a mí, me gusta
para nada.

Veamos si uniendo nuestras
nadas
podremos darnos al gusto
en encontrarnos con la nada
pero gozando.

FAX 3

Adiós.

Me voy.

¿Te vas?

Sí, y para siempre
me voy.

¿Tú?

¡Sí, y para siempre!

¿Ustedes se van
para siempre?

Pues, no faltaba más.
Nosotros, también
nos vamos para siempre.

FAX 4

Y además, ya no te quiero.

Déjame. Ya no puedo más.
Y además, ya no te quiero.
Déjame, por favor, ándate.
Vete.
Que no quiero verte más.
Si te quedas, me suicido
Pero...
Calla, no, no hay peros
que valgan. Vete.
Es lo único que quiero.
No quiero verte más.
Nunca jamás.
Si te quedas, te lo juro
me pego un tiro
en la tetilla, directo
al corazón.
¿Qué no te has ido todavía?
¡Pum!
Y se dice, porque por decir
se dicen muchas cosas
que él, al verse solo,
abandonado
como si él hubiera cometido

un crimen,
llamó por teléfono
a la ambulancia. Y él,
sí él, también hizo
¡Pum!

FAX 5

¡Te lo juro!

No, te digo que no.
Aquí no. Mañana. Hoy no.

Te digo que no.
Hoy no puedo.
¿Querer? Pues claro que quiero.
Pero no hoy. Mañana.

Oh, por favor, no insistas.
No, te digo que no.
Hoy no.
Hoy día es imposible.
¿Conoces la palabra
imposible?

No. no, por favor,
déjame.
¡Oh, siempre lo mismo!
¡Ah, siempre el mismo!

Mañana sí que será no.
¡Te lo juro!

FAX 7

Claro que te quiero.

¿Otro?

No, estoy cansada.
Sumamente cansada.
Tengo
que levantarme temprano

Otrito más, sé buena
¿Me quieres?

¡Qué pregunta!
Claro que te quiero.

Bueno,
pero rapidito.
Que ni yo mismo
me entere.
Si me entero, querré
toda la noche.

Y ahí sí que no podré
dormir.
Y mañana te odiaré.

No desearé verte.
más.
¡Nunca más!

Te quiero.

¿Rapidito eh?
Que yo lo hago sólo
por tí, amor.

FAX 8

Rapidito.

No, todavía no.
¡Espérate!

Espérame.
Espérame un ratito.

Ahora sí.
Con toda el alma.

Espera.
Espera.
¡Espérate!

Sí, ahora sí, suavecito
mi vida. Suavecito.
Casi sin que me dé
cuenta.

Ahora sí, rapidito.
Rapidito.

FAX 10

Date la vuelta.

No me mires.
No me gusta.

Date la vuelta.

¡Púchicas,
qué tramposo que eres!

No seas sucio.
¡Qué cochino que eres!

FAX 11

No, ya te dije que no.

No me mires.

No, ya te dije que no.

Escóndelo, otro día.

Hoy no puedo.

Tengo mucho que hacer.

Te digo que no.

Siempre igual.

Te digo que no.

Y tú que claro, que sí.
Que sí.

Bueno, ven.

FAX 13

No sabes cuánto me gusta.

Me gusta mucho,
¿sabes?

Muchísimo.

Chutas, no sabes
cuánto me gusta.

¡Me gusta un montón!

FAX 14

Por un pelo.

Casi nos trincan,
escóndete.

De la que nos libramos.

¿Si papá nos hubiera visto,
te imaginas
la que se hubiera armado?

¿Qué haces?

Qué bruto que eres,
salvaje.

Indio de mierda.
Qué salvaje cholito lindo que eres.

¡Qué bárbaro!

FAX 17

Y tú, ¿Qué hiciste tú?

Y
qué te hizo
¿Cómo empezó?

Cuéntanos.
No seas malita.
Cuéntanos.

No nos dejes
con la saliva
en la boca,
cuéntanos.

Qué te hizo
¿Cómo empezó?

Y tú
¿Qué hiciste tú?

Qué mala que eres.
¿Por qué no nos quieres
contar?

FAX 18

Quién lo hubiera creído.

¿Boca abajo
o boca arriba?

Y después,
¿Adónde fueron?

¡Qué bestial!
Eres fenomenal hermanita.

¡Fenomenal!

¡Quién lo hubiera creído!

FAX 19

**Vía Quito-Aloag-Santo Domingo
de Los Colorados.**

¿En el autobús?
¿Con todo el mundo
alrededor?

Y en el último asiento.
¿Y de día?

Qué escalofrío.
¿Y no te dió miedo?

Miedo de que te trincaran
que más iba a ser.

¿Sabes
lo que le hicieron
a mi prima?
La metieron en un convento
por menos que eso.

¿Y en la noche?

¿Qué pasó en la noche?

FAX 21

Chiflada.

Querer quererte siempre
es mi querer.
¿Querer? Qué locura.

Pero más locura es
no querer.

¿Y tú, mocosa, qué sabes tú
del querer?

Yo sé más que tú.
Y cuando quiero,
quiero querer más
¡hasta la locura!

Chiflada.

FAX 22

La vida lo ha querido así.

¿Por qué llorar?
¿Por qué?
Díme, ¿por qué
lloras?

Es normal.
Hoy, mañana, pasado.
Es humano. Demasiado
humano.
La vida lo ha querido así.

Sécate las lágrimas.
A ver, una risita, eso es.
Así me gusta.
Y ahora dame un besito.

Seca esas lagrimitas
tan bonitas. Parecen perlas.
Deberías estar contenta.
¿Lloras de alegría? Eres un ángel.

FAX 23

Luz del alba.

¿Qué hora es?

Las cuatro.

¿De la mañana?

Sí.

Qué bruta que soy, qué tonta.
¿Cómo pude haber venido?
Es tu culpa, siempre que te escapas
del seminario
me vuelvo una loca. Loca de amor,
pero loca.
Si no me matan hoy
me matarán mañana.

¿Qué te asesinarán?

No, no. No me matarán.
Es una manera de decir.
¿Qué me liquidarán mañana?
No, no lo harán. Pero me acabarán

mañana. Lentamente me estoy agonizando
en los brazos del hogar.
Cenas, recepciones, banquetes.
Y sobre todo, soportar el peso
de mi marido. Llévame contigo.
Ahí sí que te matarán.

Si antes, qué rico, no me matas tú
con tantas sacudidas. Huy,
me voy, me voy, chao, chaíto.
No te olvides de llamarme
a medio dia, ¿ok?

Un besito.

FAX 24

Pantalla.

Y
¿Qué tal?
¿Cómo estuvo el cine?
¿La película fue buena?

Sí,
muy buena,
buenísima.

Si hubieras visto
cómo se besaban.
Cómo se abrazaban.
Y cómo, huy sí, y cómo
en el colmo de la pasión
se volvían a besar.

En la poética semioscuridad
del cine
pasan muchas cosas
¿verdad?

Sí, muchísimas cosas.
Ah, sí, sí... en el cine. El cine.

¿Y con quién fuiste esta vez?

Preguntona.

FAX 26

Badajo.

Dámela
Que no la voy a morder
¿Y?

Me gusta.
Oyes, eres una campeona.
¿Lo habías hecho antes?

No. El instinto será, pues.

Ni que instinto ni que huevadas.
¿Con quién lo hiciste antes?

¿Estás loco?

Loco de amor, sí,
¡Pero no cojudo!

FAX 27

¿Nos vemos mañana?

¿Bailamos?

Bueno.

Gracias.

¿Bailamos otra vez?

Sí, ¿por qué no?

Gracias.
¿Cómo se llama?

Rosa.

¿Y para los amigos?

Rosita.

¿Y para los íntimos?

Cariño.

Me da su número, ¿puedo llamarla?

Soy casada.

Yo también.

¿Nos vemos mañana?

FAX 28

¡Carajo, cómo me mintió!

Qué tonta que fui. Qué tonta.
Haberle creído. Pero qué tonta que fui.
¿Verdad que fui una tonta?
¿Cómo pude haberle creído?

Chutas, me voy a romper la cabeza
pensando en lo que pasó. ¡Chutas!
¿Qué es lo que pasó? Díme, ¿tú puedes
decirme lo que pasó?
¿Por qué dejó de quererme? ¿por qué?

¡Chutas! ¡Caramba! ¡Me rompo la cabeza
de tanto pensar!
Sí, ¡de tanto pensar!
¿Quién puede darme la respuesta? El.
Quién más sino ¡él!

Pero cómo puede darme la respuesta
si se me murió. Me mintió. Me dijo
que nunca se iba a morir.
¿Cómo pude creer?
¿Cómo pude enamorarme de él, de un mortal?

Me mintió, me dijo que siempre me iba a querer. ¡Carajo, cómo me mintió!

FAX 29

Bueno.

Usted es muy bonita.
Pero parece que usted
no se lava nunca.

No tengo ducha.

Le presto la mía
si usted quiere.

Bueno.

FAX 30

Dulce despedida.

Bueno,
hasta mañana.
¿Me llamará por teléfono?

NO.

¿No?

Prefiero timbrar.
¿Me abrirá la puerta?

Puerta, ventana, visillos.
Todo le abriré.

FAX 31

Que apagues la luz te digo.

Apaga la luz.

No,
quiero seguir leyendo.

Que apagues la luz te digo.

Y YO te digo que NO.
Que quiero leer todavía.

¿Y qué lees?
¿Una historia de amor?

No,
Una aventura de Abandono.

Pobrecito.
Con mucha más razón todavía,
deberías apagar la luz.
Ven. Te voy a contar una Historia
de amor... y de abandono...
si no dejas de leer.

No seas mala, sólo me falta
dos páginas. Déjame terminar.

Y tú, déjame disfrutar.
Escoge. Entre la Literatura y YO
tienes que decidir. ¿Quién?
Sólo me falta dos páginas.

¡Apaga la luz!

FAX 32

Raro.

¿Aló?

Te oigo un poco raro.
Un poco inquieta la voz.
¿Qué te pasa?
¿Qué estás haciendo?

¿Qué?

¡Crétino!

FAX 33

¡Cumpleaños feliz!

Señorita,
ya no puedo más.
La quiero con toda el alma.
Ya no puedo más,
la quiero.
Más que eso, quiero hacerle el amor,
aquí, ahorita, ya no puedo más.
Por la arrechera más grande,
le juro
que ya no puedo más.
Señorita, señorita, no se vaya.
Por favor señorita, quédese.
No se vaya, quiero que comprenda
que lo que se ha de comer el gusano
mejor que se lo coma el Humano.
¿Qué?
¿Que agua que no has de beber
déjala correr?
Oiga. Oiga. Regrese.
¿Qué quiere decirme con ese refrán?

FAX 36

Nada. Nada. Déjeme. No dije nada.

¿Cómo?

¿Qué?

¿Qué es lo que usted dice?

Nada.
Sólo estaba insinuando.

¿Qué es lo que usted
está insinuando?

Nada.

¿Seguro?

No, no tan seguro.
No dije nada, pero
la insinuación continúa.

Usted se está perdiendo el tiempo.

¿Está usted segura?

No, no estoy tan segura.

¿Cómo?

Nada. Nada. Déjeme.

No dije nada.

FAX 37

Calla, calla. Por favor, cállate.

No te creo.

Pero...

No, no te creo.

Y si yo...

No. No digas nada más.
No te creo.

Te quiero...

Sí, lo sé. Pero, ¿por qué?
No, no te creo.

Perdona... yo no...

Calla, calla. Por favor,
cállate.

FAX 38

**¿Ah, sí?
¿Tú, con un Amante?**

¿Quién era?

Un amigo.

¿Qué clase de amigo?

Un amigo. ¿Tú no tienes
amigas?

Sí,
¿pero quién es tu Amigo?

¿A ti qué te importa?
¿Te pregunto yo
quiénes son tus amigas?
No ¿verdad?
Es un amigo. Y punto.

¿Quién era?

Un amigo.

¿Qué clase de amigo?

Un amigo. Y déjame ya
con tus impertinencias.

¿Quién era?

Un amigo.

¿Qué clase de amigo?

Mi amante. ¿Contento?

¿Ah, sí? ¿Tú, con un Amante?
¡Ja, ja, no me hagas reír!
¿Quién era?

FAX 39

**A ti te gustan
las lechugas de ojos azules, ¿no?**

¿De dónde vienes?

De ninguna parte.

¿De dónde vienes?

Del mercado.

Del mercado ¿a estas horas?
¿De dónde vienes?

Te digo
que vengo del mercado.

¿Y qué compraste?

Nada. No compré nada.
Comí.

¿Y se puede saber
lo que comiste?

Una cabeza de plátanos.

¡Plátanos! ¡Plátanos!
¡Estoy cansado
de que te gusten tanto
los plátanos!

A ti te gustan las lechugas
de ojos azules, ¿no?
A mí. Pues a mí me gustan
los plátanos.
Si tú dejas, en la oficina,
de olfatear lechugas
y buscarles con el dedito
el gusanito,
yo te prometo que dejaré
de ir a comer plátanos
en el mercado.
¿Estamos?

FAX 40

¡Miserable! ¡Miserable!

No me pegues.
No me toques más,
miserable.
Te rompo la cabeza
si te acercas.

Bueno, me voy.

Y no vuelvas más,
miserable.
Te romperé la cabeza.
Te rajaré el alma.

Bueno. Bueno.

¡Miserable!
¡Miserable!

FAX 42

**Ah, sí, sí, claro.
Sí me acuerdo.**

¿Y... ?

¿Y qué?

¿Qué pasó?

¿Qué pasó qué?

¿Ya no te acuerdas?

Ah, sí, sí, claro.
Sí me acuerdo.
No. No pasó nada.

¿Nada?

¡No, no, nada!

¿Nada?

¡Bueno, casi nada!

FAX 43

Bueno. Toma. Bebe. Salud.

¿Viste?

Sí.

Está mucho más bonita, ¿no?
¿Verdad?
¿Te sigue gustando?

Sí.

¿Y qué?

Y qué... ¿QUE?

Pues eso.

Háblame de otra cosa.

Bueno. Toma. Bebe. Salud.

Salud hermano.

FAX 45

Déjame. Déjame. Déjame.

Ay, déjame, déjame, déjame.
Déjame, que me duele. ¡Ay!
¡Ay, cómo me duele!
Arde. Déjame. Déjame. Déjame.

Déjame ya, que me duele.
¡Déjame, ay, déjame!
Déjame te digo,
Que me dejes te digo.
¡Ay! ¡Ay! ¡Ay! ¡Arrarrayyy!

Que te deje
¿por qué te voy a dejar?
¿Que te deje? Ni hablar.
Eres mi mujer, ¿no?
¿Por qué te voy a dejar?

Déjame. Déjame. Déjame.
Esto ya no es amor.
Me estás violando. Esto es
una violación.
¡Ay! esto ya no es el Amor.

Déjame. Déjame. Déjame.
Esto ya no es amor.
Me estás violando. Esto es
una violación.

¿Pero cómo te voy a a estar violando
si soy tu marido!

FAX 46

¿Estás leyendo mucha Literatura o qué?

¿Cómo te fue?

Mal.
No pasó nada.

¿Nada?

Nada.
Bueno, casi nada.
Pasó lo que pasa siempre.

Y Siempre con él.
Siempre, siempre, hasta
el final con él
¿o de tanto estar con él
se convertirá en otro?

Vete, corre algunas aventuritas
como yo. No te aferres a uno solo.

No,
con todos será igual.
Con más gusto o menos gusto.

Siempre, siempre será igual.
El movimiento es el mismo.
Si me quedo será mejor, estando con él
trataré de alejarme de él.
Y así vivir con él y no vivir con él
al mismo tiempo. Luz y sombra. Negro
y Blanco. Juego de barajas
sobre la misma mesa y los mismos
actores.

¡Qué complicada que te estás volviendo!
¿Estás leyendo mucha Literatura o qué?
Lo que es yo. Yo me iría con otro.
Y con todos esos
trataría de fabricarme un El definitivo.
¿Qué te pasa?

Nada. Nada.
Uy, es el último autobús.
Chao hermanita. Me llamas, ¿eh?

FAX 47

Crepúsculo.

¿Te gusta?

Un poquito.

Algo es algo. Mañana
será mejor. ¿Contenta?

Sí, un poquito.
Me gusta que tú hayas sido
el primero.

Tenía miedo, ¿sabes?
Mucho miedo.
¿Lo notaste?

Cariño...

¿Mañana me dolerá menos?
¿No me arderá tanto?
Porque ahorita quema.
Me arde mucho.

Mi amor...

FAX 48

Queja.

Mírame. Mírame. Mírame.
Mírame por favor.
No cierres los ojos cariño.
Mírame.

No los cierres que pareces muerto.
Mírame.
Mírame mi amor, mírame.
¿Qué te pasa?
Abre los ojos, mírame.
Por qué haces todo ese ruido.

Mírame, ah, mírame. Mírame.
¿Qué te pasa mi amor?
Dime lo que te pasa. ¿Por qué
todo ese ruido?
Ay, que me haces daño.

Suéltame mi vida. Suéltame. Suéltame.
Suéltame que me vas a matar. Suéltame.
¡Ay, ay, qué me duele! Me haces daño.
No me hagas daño. ¡Ay, me arde!

Suéltame. Suéltame. Suéltame
que me arde. ¡Ay, me duele! Me duele
mucho mi amor. Suéltame te digo.
Te araño si no me sueltas.

¡Ay. Ay. Dios mío. Tus jadeos
me van a matar!

FAX 49

Retrato de una familia poco común.

No seas cochino.
¿Cómo puedes hacer eso
delante de la niña?
Eres un descarado.
Un sinvergüenza.
Provocador indecente.

La próxima vez, al plátano
lo pelas en la cocina
y se lo presentas, a la niña,
sobre un plato, cortado
en rodajitas.

Y tú, niño, ya te he dicho
una y mil veces
que la naranja
no la abras así, de esa manera.
Cochino como tu papá.
Y no chupes así la naranja,
qué atrevido,
te voy a dar una bofetada.

Y tú, niña, no seas malcriada

deja de mirar de reojo al plátano
de tu padre
y cómo chupa la naranja
el sinvergüenza de tu hermano.

FAX 50

Insomnio.

No te duermas.
No me dejes sola.
Tengo miedo. Regresa.
No te quedes dormido.
Despierta.

No te quedes dormido.
Tengo miedo.
Me queman las tripas.
¡Ay!
¡Cómo me queman las tripas!

En qué quieres que piense,
antes pensaba en ti para dormirme
ahora duermes a mi lado.
En qué quieres que piense.
Y me duele, me arde. ¡Ay!
¡Cómo me quema!

Y no ronques, mierda, no ronques.
Porque te voy a MATAR.

FAX 53

NO.

Abre.
Qué abras te digo
o lo rompo todo a patadas.

No. No te abro.
Así me vuelvas a romper el cráneo.
No te abro. Vete.

Abre. Te quiero.

NO.

¿Y por qué?

Porque la que no te quiere soy yo.

¡Ay!

Quiero a otro. Y ya. Es suficiente.
Vete,
no quiero verte más,
ni en pintura.

¡Ay!

¿Y qué te pasa ahora?

Sucede que yo también ya no te quiero.

Abre.

Si es así, mi vida, te abro.

FAX 53 BIS

Ahorita. ¿Aquí? Pero...

¿Podemos?

¿Y por qué no?

¿Tan rápido?

¿Y por qué no?

¿Ahorita?

Ahorita. ¿Aquí?
Pero...

¿Pero qué?

Es tan rápido... que... yo
no sé... que

Tú no sabes qué...
qué... ¿Que?

¿Qué es lo que tú no sabes?

Tan rápido, así.

¿Tan rápido?

FAX 55

Menú.

¿Qué quieres comer?

Adivina.

En serio
¿qué quieres comer?

Adivina.

¿Quieres comer o no?

Sí.

¿Qué es lo que quieres comer?

Adivina.

¿Romántico?

¿Comemos o no?

FAX 57

**Me voy, lejos.
Lejísimos.**

Interesante,
muy interesante.

¿Te vas?

Interesantísimo.

¿Te burlas de lo que digo
o de lo que pienso?
Se te va a caer la jeta.

La jeta que tanto te gusta, ¿no?
Sobre todo
cuando va y se estrella
como una fruta madura
cariñosa
o brutalmente contra tu colorada
jeta.

Cállate,
no digas semejantes barbaridades

que muy a pesar mío
me estoy poniendo colorada.

Una diabla.

FAX 59

No pienso. Quiero.

Te veo muy pensativo.
Te siento muy pensativo.
El colmo de preocupado
te veo.

No pienso. Quiero.

¿Qué quieres?

Quiero lo que yo quiero
siempre querer.

¿Y... después?

Me voy.

Sigue pensando.

Es lo que hago.

FAX 60

Hablemos de otra cosa.

¿Estás dispuesto a todo?

A todo. Menos eso.

Pero si es Eso justamente
lo que quiero.

Hablemos de otra cosa.

FAX 61

**Y el cuerpo,
¿lo dejas para los gallinazos?**

¿Me quieres?

Con toda el Alma.

Y al cuerpo,
para quién lo dejas.
¿Para los gallinazos?

No. Para ti, Unicamente
para ti.

¿Vienes?

No. Ni hablar.
Primero el anillo en el dedo.
Luego, tú tendrás el tuyo.

Entonces no me quieres.

Te quiero con toda el Alma.

Y el cuerpo,
¿lo dejas para los gallinazos?

FAX 62

Créeme.

No puede ser. Imposible.
¿Con la Secretaria?
Con su propia cuñada.
No puede ser. No te creo.

Créeme. Yo soy la cuñada.

Y tú, canalla, ¿hiciste eso?
¿Cómo pudiste hacerlo?

¿Yo? ¿Una canalla? ¿Yo, hice eso?
¿Yo, una canalla?

Sí, tú, canalla.

Con mi cuerpo. Con qué querías
que fuera. Con mi cuerpo. Nada más
que con mi hermoso cuerpo de Reina
de Belleza.

¡Canalla! ¡Canalla! ¡Canalla!

Fax 63

Todo es posible. Hasta lo imposible.

¿Vamos a la Playa?

Prefiero la Ducha.

Ven, vamos. La Playa
está Hermosa.

Sí, pero mi Hermosa
no está en la Playa.

Tampoco en la Ducha.

Imaginándome un poco,
todo es posible. Hasta
lo imposible.

Ven. No seas Tonto. La Playa
está Hermosa. Lindas Playas.
Con unas Olas así de Hermosas.
Y con unos mares de pechos que
para qué te cuento, hermano.

¿Y con unas Conchas muy rosadas?

Sí, sí hermanito y además... verás...
Laura, te acuerdas...

FAX 64

¿Es posible tanta infamia?

Mientes. Mientes.
No puede ser.
Me estás mintiendo.
No es posible.
¿Cómo puede ser posible?
Dime que me mientes,
que no puede ser posible.
¿Es posible?
¿Es posible tanta infamia?
Responde. Dime.
Miénteme aunque sea
pero dime
que no es posible.
¿Imposible?
¡Pero que he hecho yo
para que todo eso sea posible!

FAX 65

Creí.

No te siento.
No siento nada. Nada.

Disculpa,
no te puedo mentir,
creí.

Si quieres hazlo tú
solo
y, ¡Ay, no me preguntes
más!

FAX 66

Dice que te diga lo que me dijo que te diga.

Dice que te diga
que ya no te quiere
y que te lo diga
que ahora me quiere
a mí.

Lo sé.

¿Y cómo?

¿No me lo estás diciendo?

FAX 69

¿Sesenta y nueve?

¿... el sesenta y nueve...?

Qué cochino qué eres, deja.
¿Estás loco?
¿Y crees tú que te voy a dejar
hacer
semejante porquería?

FAX 70

Desvirginadamente tuya.

¿Y nunca lo has hecho?

Soy Virgen.

¿Ni con el pensamiento?

Soy Virgen.

¿Nunca has tenido buenos
pensamientos?

Soy Virgen.

Pero mañana ya no serás
Virgen.

Seguiré diciendo que soy
Virgen.

Espera. Espera un poco.
¿Qué es lo que estás diciendo?

Entonces tú no eres Virgen.

Soy Virgen.

FAX 71

Por eso mismo te puso el espejo.

Hoy, levantando tus vestidos
me encontré con un Espejo.
Y me ví yo mismo.
¿Qué significa? ¿Qué es lo que quieres
decir?

El amor es un juego.
Y hacer el amor, es, masturbarse.
Lo haces por tu propio placer.

Pero yo te quiero.

Por eso mismo te puse el Espejo.
Para que te quieras más.
Y queriéndote más, más me querrás.
Muy fácil.

Eres muy rara, ¿sabes?

Raro es el amor. No yo.

Qué complicado.
¡No podemos hacerlo más simple!

El amor es el amor.
Y si no quieres suicidarte por él,
tienes que saber jugar con El.

FAX 72

Y ¿verás no?

Y ¿verás no?
Y entonces... Ella,
con mucha timidez
se desvistió
pero antes se metió
entre las cobijas.
Y además ordenó que apagara
la luz...
Y puedo contarte mucho más,
muchísimo más.
Porque para ser una lengua larga
creo ser la campeona.

¿Y todo lo que me estás contando
es verdad?

Puede ser verdad.

¿Cómo es eso
de que puede ser verdad?

Sí, si tu quieres, puede ser verdad.

FAX 73

**Adónde tú vas
te sigo.**

¿Ya estamos llegando?

Tú estarás llegando
lo que es yo
tengo todavía que continuar.

¿Y adónde vas?

Adonde tú vas
te sigo.

¿Y si decido quedarme?

No importa. Yo voy
adonde tú vas. Vete.

¿No entiendo?

Vete y llega. No llegues sin mí.
Sin ti no puedo llegar.

No comprendo

Continúa. Continúa. No te detengas.
Cuando llegues comprenderás.

Y cuando llegues y sientas
que no he llegado, espérame.
Por favor, espérame.

FAX 74

**Una pareja de inocentes niños
jugando en el patio.**

¿Me muestras
o no me muestras?
Muéstrame
no te hagas la interesada.
Muéstrame te digo.
¿Me vas a mostrar?
¿Me muestras o no?
¡Que me muestres te digo!

Qué mala que eres.
¿Te das cuenta cómo eres?
Estoy que me muero de las ganas.
Estoy que ya no puedo más,
y tú, mala, egoista, no me muestras.

¿No?
¿No me muestras?
Pero qué te he hecho yo
para que no me muestres.
¿Me vas a mostrar?

Deja de hacerte la interesada
y ¡muéstrame!

¡Ah, ah, qué bonito!

FAX 75

Por allí. Nadie sabe.

No me abandones nunca.
Nunca me abandones.
Ni cuando estés llegando
me abandones.

¿Adónde?

Donde todos llegan.

¿Por dónde?

Por allí. Nadie sabe.
Solo los que llegan.

FAX 76

Los indiferentes.

¿Con un negro?
¡Qué asco!

¿Con un blanco?
¡Qué asco!

¿Con un hombre?
¡Qué asco!

¿Con una mujer?
¡Qué asco!

¿Con un animal?
¡Qué asco!

¡Qué asco!
¡Qué asco!

¿Se puede saber
a que es lo que ustedes
no tienen asco?

¡Ah, qué asco de pregunta!

FAX 77

¿Quién eres tú?

¿Lo tienes todo. Todo.
Pero lo que se llama tenerlo todo?
Todo, así, todito,
que no te falte nada.
¿Igual que yo?

¿Quién eres tú?

La vida.

¿Y tú?

La muerte.

Unamos nuestros labios.
Que entre los dos
lo poseemos todo. Todo.

Hagamos el amor
con todo lo que tenemos.

FAX 81

Todo. Todito. Todo.

Y con un poquito de saliva
todo es posible. Todo.
Todito. Nada es imposible.
Dame un besito.

Tengo miedo.

De qué, mi amor.
¿De la saliva?

¡Tonto!

Pero mi amor, te lo repito
que un poquito de saliva.
Que con un poquito nada más.
Todo es posible. Todo.
Todito. Nada es imposible.
Dame un besito.

¿Me quieres?

Claro, sino, no estuviera
contigo.

Y con un poquito de salivita.

Tengo miedo. ¿Me quieres?
Dime que me quieres. Dime
que me quieres. Dímelo que sí.
Di que toda la vida.
Que siempre. Sí, que siempre seré
tu mujercita.

FAX 82

Hoy no fío, mañana sí.

¿Qué diablos te pasa?

¿Hoy?

Sí. ¿Qué es lo que te pasa HOY?.
Ahorita. Aquí. En este instante.
Aquí mismo. Donde estás acostada.
¿Ya has dejado de quererme?

¿Hoy?

Hoy. Mañana. Siempre.
Ayer también.

¿Y quieres que te lo diga hoy,
ahorita mismo, en este instante?

Sí.

¿Y por qué hoy,
por qué no esperas mañana?
Hoy es Hoy. Mañana será otro día.
Te diré mañana.

¿Me dirás qué?

Pues lo que tú quieres
que te diga Hoy.
Mira,
no reempezemos.
Hoy es Hoy. Y me dices hoy
lo que tienes que decirme hoy.
Me voy entonces.
Me voy de aquí hoy mismo.

Nadie te está hechando
de la casa.

Sí. TU. Por no decirme hoy
lo que tienes que decirme hoy.

Bueno. Bueno. Te quiero mucho.
¿Ya?
¿Estás contento?
¿Quieres que te diga otra cosa?
¿Qué más quieres que te diga?

Por hoy está bien. Ya veremos
mañana.

Anda, dame un besito. Buenas noches.

Buenas noches.

FAX 84

Enfermedad de hombres.

No se preocupe usted señora.
Es una enfermedad de Hombres.
Su marido comprenderá
lo que le quiero decir.

Me dijo el Doctor
Que lo que tiene nuestro hijo
es una enfermedad de hombres.
¿Qué quiso decir con eso?

Pues eso. Simplemente eso.
Que lo que nuestro hijo tiene
es una enfermedad de Hombres.
¿Te gusta que tu hijo sea un hombre ¿no?

Sí. Pero esa enfermedad debe tener
un nombre.
El Doctor no me lo dijo.

Ay, hija, hay tantas cosas
que los doctores
no dicen.

FAX 85

Si me muero, ¿te irás con otro hombre?

Si me muero,
¿te irás con otro hombre?

¿No puedes preguntar otra cosa?

Responde.
Si me muero, ¿te irás
con otro hombre?

¿No puedes preguntar otra cosa?

Responde. Mírame en los ojos.
Sé honesta. Y díme, no me engañes.
Si muero,
¿te irás con otro hombre?

No sé. Pregúntame otra cosa.
Por favor. No me martirices más
con tus preguntas estúpidas.

¿Mis preguntas son estúpidas?
¿Qué mis preguntas son estúpidas?
¿Quién eres tú

para decir que mis preguntas
son estúpidas?
¡Yo no soy ningún estúpido!

Yo no dije eso.
Yo no dije que eres estúpido.
Dije que tus preguntas son estúpidas.

Da igual. Ahora resulta
que soy un estúpido. Seguro
que cuando me muera te irás con otro.
Dime, ¿te irás con otro hombre?

Sí. Y ojalá te murieras ¡pero ya!
Ahorita mismo ¡que te parta un rayo!

No. No moriré.
Los celos, cariño, son Eternos.

Yo creo que las preguntas estúpidas
dichas por imbéciles como tu
son más Eternas.
¡Y basta ya!
¡Deja de torturarme con tus estupideces!

FAX 87

Como los poetas, siempre lo mismo.

Usted es muy bonita.
¿Lo sabía usted?

Sí. Lo sé. Todos los hombres
me dicen lo mismo.
Nada de auténtico, de original.
Como los poetas, siempre lo mismo.
Todos iguales. Y total,
siempre es para la misma cosa.
¿Por qué los Hombres no son más directos?

¿Puedo besarla?

Repito. Todos los hombres
son iguales.
Nada de autenticidad.
Como los poetas, siempre lo mismo.
¿Y para qué?
Para terminar haciendo, todos, la misma
cosa.

Se nota que usted tiene mucha experiencia
en el asunto.

¿En qué asunto?

Pues en eso.

¿En qué? Pues en eso. ¿Qué es eso?
Sea más directo.
Dígame lo que usted quiere.
Lo que usted desea. ¿Me desea usted?

¿Se casaría usted conmigo?

Ah, siempre lo mismo. Igual que los poetas.
Nada de auténtico, de original.
Siempre el mismo plagio. ¿Puedo besarla?
¿Me da su número de teléfono? ¿Me querrá
toda la vida? ¿Seguro que usted no me miente?
Nada de auténtico. De original.
Bueno. Venga, acérquese. Deme un beso
y hágame su esposa.

FAX 88

**Bueno.
Pero sólo al salón.**

¿Te acompaño?

Sí. Pero sólo
hasta la puerta.

¿Puedo entrar?

Bueno. Pero sólo
al salón.
¿Te preparo un café?

Sí.
¿Puedo?

¡No!

¿No?

Ya te dije que sólo quería
compañia.
Luego, chaíto. Adiós. Hasta
luego. O hasta nunca.

¿Podemos?

Bueno, está bien. Pero la próxima vez
no pasas del umbral de la puerta.
Exageras. Siempre lo mismo.

¿Nos vemos mañana?

Sí.

FAX 89

¿Me puedes decir qué mosca te ha picado?

No me escribas más.
¡Nunca más!
¿Me oyes? ¡Jamás!
Romperé tus cartas
y a la basura las botaré.
¡Adiós!

¿Qué te pasa?
¿Me puedes decir qué mosca te ha picado?
¿Qué es lo que te hecho yo?

Nada.
Justamente por eso me voy.

No entiendo.
¿Qué quieres decir?

Nada. ¿Qué quieres decir?

Nada. Nada. Adiós.

No. No te vas de aquí
hasta que no me lo expliques todo.

¿Qué es lo que te pasa?
Dímelo.

No pasa nada,
y porque no pasa nada, me voy.
¿Estás contento?
Adiós.

No. No te vas de aquí.
Antes de que te vayas.
Antes de que te vayas,
te voy a Mandar.

Sí es así me quedo.

Y si es sólo por eso, adiós.

¡Adiós!

FAX 90

¿Estás loca?

¡Toma!

¿Y qué quieres que haga
con este palo?

¡Pégame!

¿Estás loca?

¡Pégame!
Lo más fuerte que puedas.
Fuertísimo.
Con toda tu Alma.
¡Pégame!

¿Con este palo?
Si te doy con este palo
Te voy a romper la cabeza
¿Quieres que te raje el cráneo?

Sí ¡RAJAME!
Dame duro con tu palo

Que ya no puedo más.
Que ya no puedo más.
Dame duro con tu palo.

FAX 92

Te mato. Te remato. Y te contraremato.

Te advierto.
Te juro.
Si por desgracia
te veo con otra, te mato.
Te mato. Óyeme bien. Te mato.

Igual.
Si yo te veo con otro
Te mato.
Te remato.
Y te contraremato.
¿Oíste?

Te hablo en serio,
Te mato.
No quiero que me pase
como a mi hermana.
Pobrecita. Un paño de lágrimas.
Una verdadera Magdalena.
Te mato, óyeme bien, te mato.

Igual yo.

Si te veo con otro,
te mato. Y te remato.
Te contraremato.
Dame un besito. Te quiero.

Yo también.

FAX 93

Ronda infantil.

Sólo la puntita.
Nada más
que la puntita.
y así,
levantando el vestidito.
¿Me quieres?

Claro que te quiero.
Pero no quiero.

No quieres qué.
¿Sólo la puntita
o nada de nada?
¿Qué es lo que no quieres?
¿Me quieres?

Qué preguntas que me haces.
Pues claro que te quiero. Pero
no quiero.
Déjame. Otro día.

No. Hoy me das la puntita
y otro día

otro poquito de la puntita.
¿Me quieres?

Sí. Claro que te quiero.
Tonto.
¿Pero sólo la puntita, eh?
¿Me quieres?

La puntita. Nada más
que la puntita.
Y así, levantando
el vestidito.

FAX 96

¿La conoces?

¡Qué mujer más linda!
¡Qué belleza! ¡Perfecta!
¿Has visto el pedazo que tiene?
Carajo, ¡qué bonita!
¡Qué carajo más lindo de mujer!
¿Es muy bonita, no?
¿Verdad que es un encanto?
¿Qué te parece ese rostro de muñeca?
¿Esas manos de ángel?
¡Es una diabla! ¡Un verdadero infierno!
¡Qué terremoto!
¿La conoces? ¿Sabes quién es ese paraíso!

¡Es mi mamá!

Disculpa hermanito, disculpa.
No sabía. Perdona.
¡Perdóname!

No te preocupes hermano
que si no fuera mi mamá
yo diría, exactamente, lo mismo
y mucho más. Ven. Te la voy a presentar.

FAX 98

¿Te gusta?

Esto es para ti.
Y esto es para mí.

¿Esto es para mí
y esto es para ti?

Sí,
como los estás oyendo.
Esto es para mí
y esto es para ti.
Esto, toma, toca, agarra.
¿Te gusta?

Sí,
esto es para mí
y esto, toma, cógelo,
es para ti.
¡Qué bonito juego!

¿Verdad?

FAX 99

¿Me creerá? ¡Sufro!

Ya no puedo más.
Tengo que decirle
que le quiero.
Que ya no puedo más.
¿Me creerá? ¡Sufro!

Ya no podía más.
Tenía que haberme dicho
que me quiere.
Que usted ya no podía más.
¡Yo tampoco ya no podía más!
¿Me cree? ¡Sufría!

Te quiero.

Te quiero.

¡Ya no puedo más mi amor!
¿Puedo?

¡Claro que sí mi amor!
¿Poder?
¡Todo lo puedes!

FAX 101

Sí. Todo. Todito. Entero.

Si dejas de quererme
me pego un tiro.
Todo lo he abandonado
por ti. Sólo me quedas tú.

No digas eso.
Yo siempre te voy a querer. Siempre.
Más que todos los siempres.
No tienes porque echarte un tiro.

Sí, mi amor.
Todo lo he abandonado por ti. Todo.
Y todo te lo doy. Todo.
Por eso, si me abandonas, te pego
un tiro.

Todo lo acepto de tí. Todo.
Hasta lo que no tienes. Así tiene que ser.
Todo por el todo. Jugarse entero.

Sí. Todo. Todito. Entero.
Repleto. Lleno.

Pero si dejas de quererme
te pego un tiro.

Antes dijiste que tú te pegarías
un tiro.
¿Y por qué ahora dices tú?
Porque al matarte me muero.

No es lo mismo. Pero si quieres.
Está bien. Me pegas un tiro.
Toma la pistola, agárrala bien,
con toda tu alma,
y, entre los dos, GRITANDO, peguémonos
un Tiro.

¿Tiremos como quien dice?

Eso es. Tiremos.

FAX 102

¿Y sólo te besó?

Después de haberme mirado,
me agarró de la mano,
y me dijo, te quiero. Me estrechó
en sus brazos y me besó.
Me volvió a besar. Así,
horas enteras.
Interminables minutos de amor
me dijo al despedirse.

¿Y sólo te beso?
Cuéntame. Soy muy curiosa.
¿Solamente te besó?

Sí, sólo me besó.
Yo quería más que besos.
Quería que me meta las manos
por todo lado. Que sea un pulpo.
Claro que yo me defendía
como una diabla
cuando quería resbalar sus manos
por todas mis curvas.
¿Pero por qué no insistió?

Creo que no te quiere mucho

¿Crees?
¡Ah, hermanita, ¡cómo sudábamos!
Tan chorreaditos estábamos
que tuvimos que sacarnos lo que teníamos
para secarlo en el balcón.
¡Qué chorreadera, para qué te cuento, cómo
sudábamos!

¿Y sólo te besó?

Solamente eso, Ay sí, sólo eso. Sólo.

¿Y luego?

Aquí me ves, contándote mis penas.

FAX 104

¿Quién iba a creer que entre tú y yo?

¿Estás loco
o qué?

Ni lo uno.
Ni lo otro.

¿Te das cuenta
de lo que acabas
de insinuar?

Sí. Me doy cuenta.
¿Y qué?

Estoy temblando
de miedo.
¿Quién iba a creer
que entre tú
y yo. Esta noche?

FAX 106

Trébol de cuatro hojas.

Si quieres quedarte, quédate.
Yo ya no quiero jugar más.
¿Quieres?

Te quiero. Te quiero.
No sabes cuánto te quiero.
Nunca más me lo preguntes.

¿Me quieres?

Te repito nuevamente.
Si quieres quedarte, quédate.
Yo ya no quiero jugar más.

Dime primero que me quieres.
Si no me quieres.
No me quedo. Me voy.

Te quiero. Te Quiero.
No sabes cuánto te quiero.

Me quedo porque te quiero
y porque QUIERO.

FAX 107

¡Qué pregunta más estúpida!

¿Me quieres a mí
o quieres
sólo
lo que todos los hombres
quieren?

Te quiero a ti.
¿Y tú me quieres a mí
o sólo
mi abultado sueldo?

¡Qué pregunta más estúpida!

Es el reflejo exacto de la tuya,
cariño.

FAX 110

Entonces ¿qué?

¿Lo encontraron?

No.

¿Y por qué
no le encuentran
todavía?

Anda y busca tú mismo.
¿Tienes miedo?

No.

¿Entonces?

Entonces ¿qué?

¿Por qué
no vas
tú mismo?

¿Y por qué iría yo mismo?

¿Y por qué no?

Tienes razón.

¿Sí?

Sí.

Si no vuelvo a medianoche,
te acuestas.
Si no vuelvo mañana,
te levantas y me buscas. ¿Ok?

¡Ok!

FAX 112

**¡Por el amor de Dios,
ábreme esa puerta!**

¡Apúrate, abre la puerta, sal
de ahí! ¡Es urgentísimo!
¡Estoy que me cago! ¡Tengo
la diarrea! ¡Apúrate!

¡Qué te apures te digo!
¡Apúrate!
¡Ay, ya no puedo más!
¡Qué tragedia!

¡Ay! ¡Estoy que me cago!
¡Qué diarrea Dios mío, qué diarrea!
¡Que diarrea que tengo!
¡Ay, ya no puedo más!

¡Por el amor de Dios,
ábreme esa puerta! ¡Ay!
¡Que me abras la puerta
te digo! ¡Abre!

FAX 113

¡Responde!
¡Qué respondas te digo!

¡Qué malo que eres!
Eres un maldito.
¿Cómo pudiste haber hecho eso?
¿No te arrepientes?
Habla, di algo. ¡Responde!
¿Te tragaste la lengua?
¡Qué hables te digo!
¿Por qué, maldita sea, hiciste
eso?
¡Qué respondas te digo!
¿Ah, no quieres responder?
Ya verás
cómo te hago hablar.
¿Estás mudo? ¿Te tragaste la lengua?
¡Y deja de mirarme así!
¡No llores carajo! ¡No llores!
No faltaba más que eso,
que el señorito se ponga a llorar.
¡Deja de lloriquear!
Deja de llorar ¡y responde!

RESPONDE

¿Por qué hiciste eso?

¡Qué respondas te digo!

FAX 115

"En el mar la vida es más sabrosa".

¡Ay, hermanita, qué rico!
Ví las estrellas.
Y después todo huele rico.
Un olorcito que es mejor
que el perfume
y que te calma, te desmaya
y te ilumina.

¿Y cuántos días estuviste?

Durante las vacaciones.

¿Y piensas regresar?

Sí. El próximo año.

¿Y crees que te va a esperar
todo un año?

¿Pero cómo no me va a esperar si
mientras sudaba y se quejaba
no dejaba de jurarme amor eterno!

Todos, mientras gozan, rezan
la misma letanía.
¡Qué ingenua que eres!
Mira,
estoy segurísima
que en estos momentos,
ahorita mismo,
en este instante
estará confesando su amor
en el húmedo altar
de otra creyente.
¿Qué apostamos?

No seas mala.
No me digas esas cosas.
Me vas a hacer llorar.
Eres muy mala conmigo.
Siempre has sido así, celosa.
Dime, miénteme aunque sea,
pero dime, dime
que me va a querer toda la vida.
Una eternidad.

FAX 116

Enamorada.

¿Y te dijo que te quería?

Mucho.

¿Y tú lo creíste?

Mucho.

¿Y si es sólo para jugar
 con tus sentimientos?

No creo mucho en eso.

¿Estás chiflada o qué?

Enamorada.

FAX 117

Y luego, lo más cómico, se puso a llorar.

Deja, deja, déjame contar.
Qué chistoso.
Qué chistoso.
Me desvistió lentamente.
Lentísimo. Una eternidad.
Yo quería reír. Qué cómico.
Si le hubieras visto la cara.
¡Y cómo temblaba el pobrecito!
Estaba blanco, blanco, parecía
una hoja de papel. ¡Cómo temblaba!
Creí que tenía la fiebre.
Chorreaba de sudor
¿Si hubieras visto cómo chorreaba
 de sudor?
Empapadito estaba el pobre.
Chutas, para qué te cuento hermanita.
Todo el sudor que chorreó.
Y luego, lo más cómico, se puso
a llorar
a besarme los pies
y a jurarme amor eterno.

¡Caramba, hermanita, qué cómico!
¡Nunca he tenido tantas ganas de reir!

FAX 118

Bingo.

¿Y la tiraste?

No.

Entonces me debes
lo que apostamos.
¿Te acuerdas?

Toma. No te debo nada.
Estamos quites.

¿Por qué estás triste?

Soy un cobarde. No pude
tirarla.
Y Ella estaba allí, allí,
riendo.
Y cuando me fui seguía riendo.
Burlándose de mi ingenuidad.

Consuélate.
Que yo tampoco pude tirarla.
Ríe y ríe. Todo el tiempo.

Cuando la tocas se pone a llorar.
Y cuando la quieres violentar
se mete nuevamente a reír. A gritar.
A patalear. Está loca.
Así, con semejante fenómeno,
no puedes hacer nada.
Yo tampoco pude, entonces,
yo también soy un grandísimo
maricón.

¡Somos dos maricones!

FAX 120

Te odio. Vete o te rasguño.

Te odio. Vete. No quiero verte
más.

¿Nunca más?

Te odio. Vete o te rasguño.
No quiero verte. Vete.

Hasta mañana.

Te odio. Te odio. Te odio.
¡Cómo te odio!

FAX 121

¿Eso te dije yo?

¿Adónde vas?

Adonde él me espera.
Pero. No puede ser.
Si tú mismo dijiste
que todo terminó.
Que con él todo es imposible.
¿No puede ser?

¿Eso te dije yo?

Eso. Y lo bastante que te pegaba.
Y lo que te hacía sufrir.
Y la libertad que tu querías
y que él no quería.

¿Eso te dije?

Eso y mucho más.
¿Ya no te acuerdas?

Sí. Sí me acuerdo.

¿Pero estás segura que todo eso
que dices
te lo dije yo?

Seguro.

Qué puedo hacer. Dime,
¿qué puedo hacer?
Lo quiero tanto, que si no lo veo,
me muero.
No puedes imaginarte cuánto le quiero.
Si no lo veo me muero.
Sobre todo y no se si a eso
se llama amor pero
me estoy muriendo de las ganas.
Estoy mojadita.

Yo también.

¿Qué insinuas?

FAX 123

¿Es urgente? Sí, urgentísimo.

¿Señor?

¿Sí?

¿Puedo hablarle?

Sí, venga al despacho.
¿Es urgente?

Sí, urgentísimo.

Bueno, hable, escucho.

Yo soy su Hermana.

¿Cómo?

Yo soy su media hermana.

¿Y cómo es eso?

Pues que entre su papá
y mi mamá.

¿Usted entiende, no?
Pues aquí estoy. Soy
su hermana.

¿Y qué quiere?

Nada, solo quería decirle
que soy su media hermana.

FAX 124

Deja de llorar, carajo, que no eres una mujer.

Ya.
está bien.
Deja de llorar.
De lamentarte. De beber.
¿Por el amor no te vas a volver
un alcohólico, no?
Y deja de llorar.
Deja de llorar, carajo, que no eres
una mujer.
En el amor hay que ser macho,
muy macho, requetemacho.
¡Qué dejes de lloriquear te digo!
¿Eres un maricón o qué?
Si ya no te quiere. Mujeres hay
a montones. Escoge otra.
En serio, deja de llorar hermanito,
deja de llorar
que a mí también me vas a hacer llorar.
¿Te acuerdas de Clara?

FAX 126

Quería matarla, matarla.

Y de un jalón arranqué
la toalla
y la empujé sobre la cama.
Quería matarla, matarla.
Y con la misma toalla
latigué.
Quería tener en esos momentos
un palo, un fuete.

Y no la maté
me monté sobre Ella
y la culié.
¡Qué cabreado! Quería matarla.
Y lo que le estaba entrando
quería que fuera un puñal.
Un puñal. Quería destriparla.
Cortarla en pedacitos.
Y ahora dice que la he violado.

¿Te das cuenta?
Dice que yo, su marido, le ha violado.
Lo que yo quería era matarla.
Matarla como en los Tangos de Gardel.

FAX 127

¡Qué hijo! ¡Qué hijo!

¡Qué hijo
más loco que tengo,
incorregible!

¡Ya te he dicho
que al foco de tu cuarto
nunca debes tenerlo desnudo
balanceando sombras
de los vestidos de tu hermana!

¡Qué hijo! ¡Qué hijo!.

¡Qué hijo
más loco que tengo,
incorregible!

FAX 128

¿Todas las noches?

¡Pero
qué barbaridad!

¡Qué bruto!

¿Todas las noches?

¡Es
una
bestia!

¡Pero qué bestia que es!

¡Preséntame para domarlo!

FAX 129

Diez metáforas del amor.

Diez metáforas del amor.

I) ¡Te odio y ojalá te mueras!

II) ¡Perdona, ya no te quiero más!

III) ¡Qué quieres que haga si ya no te quiero!

IV) ¡Te he dicho que ya no me llames más!

V) ¡Si mueres, me mato!

VI) ¡Felizmente que ya se fue,
    a ti sí que te voy a querer toda la vida!

VII) ¡Esto lo hago sólo por ti,
    pero no lo trago!

VIII) ¿Continúas con el mismo imbécil?

IX) ¡Divórciate y ya está, y si estás preñada,
    avorta!

X) ¡Te quiero y te odio! ¡Qué idiota,
cómo pude haberme enamorado de ti!

FAX 131

¿Puedo? Si no haces ruido, sí.

¿Puedo?

Si no haces ruido, sí.
No quiero que se despierte
mi hermana.

¿Y qué pasa
si se despierta?

Ella también querrá.
Es mucho más golosa que yo.

FAX 133

No quiero verte más. Traidor.

No te enojes, mi amor,
no me gusta verte cabreado.
Hagamos las paces.

Por aquí, no lo sacas.
Pero por aquí ¡cuidado! lo retiras.

¿Lo retirarás?

Espera. Me saco el vestido.
No quiero que lo arrugues.

(Lueguito)

Eres un traidor. Un traidor.
No lo retiraste.
Dejaste penetrar en mi cuerpo
tu egoísmo.
¿Quieres dejarme encinta?

Traidor.
Mojigato de mierda. Vete.
No quiero verte más. Traidor.

FAX 134

Estás ahí. Estás ahí. Eso es lo que dices tú.

Estoy sola esta noche
con mi regla. Desamparada.
Se desangra mi corazón.
¡Qué soledad!!!

No digas eso.
Yo estoy aquí.

Estás ahí. Estás ahí.
Eso es lo que dices tú.
Pero te haces el desinteresado,
lees.
¿Qué lees?

Cariño, tú sabes, que la sangre
siempre me ha hecho huir.
No es mi culpa,
me desmayo.
¿Qué quieres que haga yo?

Lamerme.

FAX 135

**¡Qué pataleo hermanita,
qué pataleo!**

Y como me di cuenta
de que con mis lloros
no iba a conseguir nada,
con mucha rabia, como una loca,
babeando,
me dediqué, mejor, al pataleo.

¡Qué pataleo hermanita,
qué pataleo!

Me volví, con mis vestidos,
como una loca
con su camisa de fuerza.
Desnudita me quedé y él muy tierno,
preocupado, sin atinar qué hacer,
me consoló.

¡Estoy encinta,
nos casamos mañana!

FAX 136

¡Chócale!

¿Y qué hiciste?

Me boté al suelo y rompí
a llorar.

Y pataleaba, pataleaba.

Con el ojo izquierdo lloraba,
con el ojo derecho, espiaba.

Y con el tercer ojo, el central, el mágico,
le incitaba.

¿Y cayó en la trampa,
metió la patita
como un oso?

Sí. Y él también se puso
a patalear.

¡El pataleo del siglo hermana!

Preséntamelo.

Si tú me presentas el tuyo,
tu machucador,
ése, con la cara de sátiro antiguo.

¡Chócale!

FAX 137

Qué pendejo, sólo porque me puse a llorar.

Es un pendejo.

Sólo porque me puse
a llorar
dejó de desvestirme
de mamarme las tetas
y de meterme el dedo
buscando lo tiernito
de mi corazón
que estaba, por la primera vez,
dispuesto
a desangrarse por él.

Qué pendejo
sólo porque me puse a llorar
y él, sí hermanito,
él también, ¡que tonto!
se puso a llorar
y a pedirme perdón.

Es un pendejo, el Bonito,
un grandísimo güevón.
Un pendejo.

FAX 139

Noche de luna.

Si quieres.
Si tanto insistes,
gritó Helena, ven
pero por el hueco del culo.
¡Que no quiero qudarme incinta!

FAX 140

Bilboquet.

¿Podemos jugar a los cucos?

No, porque siempre gana usted.
Me lo traga enterito.

¿Podemos jugar a los cucos?

No, porque siempre gana usted.
Me lo traga enterito.

¿Podemos jugar a los cucos?

No, porque siempre gana usted.
Me lo traga enterito.

Cuco, cuco,
ven a tu infiernito, que tu cueva
te espera calientito.
Cuco, cuco, mi lanudito, acércate
moviendo el rabito.

Yo ya no vuelvo a jugar a los cucos
¡Siempre pierdo yo!

FAX 141

No. Nada. Nada. Me sorprendes.

Pero...
¿qué haces?

Lo que estás viendo.

Pero...

¿Pero qué?

No. Nada. Nada.
Me sorprendes.

FAX 142

Bésame. No. En la boca, no.

Apaga la luz.
Deja de leer
y vente conmigo,
¿quieres?

Bésame.
No. En la boca, no.
Tú, ya sabes, donde
me gusta.

Y yo, con mis labios.
Yo también
te voy a besar
donde tanto te gusta.

FAX 143

Ven, déjame, le voy a dar una muchita.[2]

¿Qué te pasa?
Estás pálido.

¿Qué te pasa?
Estás muy pálido
y tiemblas.
¿Tienes fiebre?

¿Qué era la primera vez?
Pobrecito.
Ven, déjame, le voy a dar
una muchita.

Se portó como un campeón.

---

[2] Besito.

FAX 144

Fiesta rosada.

Pero,
¡qué bonito vestido!

¿Te gusta?

Me gustaría verlo de cerca,
acariciar sus costuras.
Y, sobre todo, la...

¿Etiqueta? Conozco el cuento.
Espera. Me lo saco.

No te lo saques, no.
No te lo saques. No es necesario.
¡Qué bonito! ¿Y esto?
¿Qué es esto?

Eso ya no es el vestido.
Travieso.
¡Qué niño travieso que eres!

FAX 145

¡Dilema!

¡Qué arrechera carajo,
qué arrechera!
Ni el más valiente
aguanta
estos combates sin fin.

¿Un severendo pajazo
resolvería el problema?
¡Qué va! Es peor.
¿Jalarse la tripa
entonces?

¿Darse a la Blanca
palma de la mano?

-No.
La mano se llenaría de pelos.

¿Qué hacer? ¿Qué hacer?
¡Qué dilema más cruel!
¡Qué dilema! ¡Qué crueldad!

FAX 147

Como el plátano dentro de la cáscara.

Dijo Martita,
lo más monjita de sus hermanas:

Amor, ya que estás aquí, métemelo
todito, así, como oyes, todito.
Como el plátano dentro de la cáscara.

Métemelo todito, con güevos y todo eso.
Clávame contra la pared
como al Flaco en los Viernes Santos.

Y deja aparecer, a tu espíritu santo,
tu paloma de la paz, por la boca.

Te la morderé, y del dolor, tú
la retirarás
como el dedo del agua
hirviendo.

Al retirar, harás de mi cuerpo,
como hace el brazo con la manga
de la camisa.

Mi cuerpo lo tendrás al revés,
tu juego de barajas.

Y que gane el que gane.

FAX 148

Zozobra.

En plena borrachera.
Agarrando el teléfono.

Diciéndole que Ella
es la causa
de su naufragio.

Y Ella, llorando, respondiéndole
que no es Ella.
Que es el aguardiente.

FAX 149

Son las doce.

Son las doce.

Yo apago la luz
de mi cuarto.
Para ver mejor.

Son las doce y media.

Ella no apaga la luz
de su dormitorio.
Hace lo que todas las noches
hace.

Son las dos.

FAX 150

Súplica.

Señor sastre:
Le pido, por favor, hágame
del vestido, de la que se fue, un pantalón.

Del cuero de zapato, señor
zapatero, hágame, un estuche
para mis lapices de color.

De la cama de la que se fue, señor
carpintero, fabríqueme
una mecedora.

Del pañuelo de cabeza, señora
modista,
hágame, no sea malita, una bufanda.

De su cuerpo, señor enterrador, hágame
que de su hueco, brote un árbol.
Tome la semilla, y con la pala, hágame
ese tierno favor.

Y tú, novía mía de ahora, Isabelita
de mis amores

vamos a fabricar el bebé, que Ella, la difunta,
que en paz descance,
y que con el Señor goce,
no me pudo dar.

FAX 151

Pedantería.

Adiós.
Tú eres muy tonto.
Tú no sabes hablar como él,
míralo, qué bonito, él tiene
bajo el brazo
tres tratados de filosofía
y ya es bachiller. Estudia filosofía y letras.
Piensa ir a los Estados Unidos.
Terminó de leer veinte novelas
y le van a publicar un artículo.
¡Qué hombre! ¿Verdad?
Adiós.
Y, por favor, no seas malo, no
me llames.
Ni vengas a emborracharte
en la cantina
del primer piso de mi casa.
¿Qué va a decir él?
No quiero ponerme colorada
de vergüenza
si él se entera de que yo he salido
con un tonto como tú
que no sabe ni lo que es:

"Elle joauit avec sa chatte,
Et c'était merveille de voir
La main blanche et la blanche patte
S'Abattre dans l'ombre du soir",
del poeta francés Verlaine.
Tú eres un bruto, un salvaje, sólo al fútbol sabes jugar
y te gustan las películas mexicanas,
las rancheras, los pasillos, los yaravíes, esa música para indios,
para cholos.
Tú no sabes lo que es la Novena Sinfonía del señor "Beethoven".
¿Por qué me pegas?

FAX 153

Darle tiempo al tiempo.

Noche preciosa
vestida de blanco.

Un beso
en su frente

Boca roja
intermitente.

FAX 154

Canción.

Tú
con el dedito, con el dedito,
sólo con el dedito
nada más que con el dedito.

¿Y yo?
Con la manita, con la manita,
sólo
con la manita,
nada más que con la manita.

¿Y ahora?
Por el pedorrito, por el pedorrito
o por entre las changuitas,
nada más que por entre las nalguitas.

Luego,
ya casaditos, por el perfumadito,
sólo
por el perfumadito.
Nada más que por el huequito.

FAX 155

¿Querer?
¡Pues claro que quiero,
pero no quiero!

No, no, aquí no.
No seas bruto.
Mamá está en la cocina
y Papá arreglando el auto.

No, no. Aquí no.
No.
¿Estás loco?
Te digo que no.

No, no, aquí no.
No seas malo.
No insistas por favor.
¡Uy, qué malo que eres!

No, no.
¡Qué loco que eres,
qué loco!
¿Querer? ¡Pues claro
que quiero!

Pero aquí, no.
Si Papá nos trinca,
¡nos mata! ¡Nos mata!

¿Quieres que nos mate?

Dime,
¿quieres que nos mate?

FAX 156

Confesionario.

Espera. No,
no te vayas todavia,
por favor, espera.
Acércate.
Mucho más,
que no nos oigan.

¿Ya?

No, no, todavía no.
Espera.

¿Qué? ¿Qué quieres que espere?
Ya es muy tarde.
Déjame. Me voy. Déjame ir
te digo.
¿Ya?

¡Ahora sí!
Toma mi pañuelo.
Me lo devuelves mañana.

FAX 157

¿Otrito?

¿Otrito?

No, mi amor, estoy cansada,
déjame dormir.
Estoy cansada.
¿Otrito?
Bueno, pero rapidito.

¿Rapidito, rapidito?

Sí, mi amor.
Rapidito-rapidito.
Porque estoy cansada.
Cansadísima.

Si estás cansadita, mi amor,
lo dejamos para mañana.
¿Lo dejamos para mañana?
¿O lo hacemos rapidito-rapidito?

Sí, mi amor. Rapidito.
Pero eso sí, lo que se llama rapidito,
rapidito

muy rapidito.
El colmo de veloz.

¿Como los conejos?

Sí, mi amor. Como los conejos.

FAX 158

¡Qué bestia de mujer, Qué bestia!

¡Pero,
qué tremendas tetas!
¡Pero qué tetas, hermano,
qué tetas!
¡Qué tremendo mar de pechos!

¡Y qué manera más brutal
de caminar!
¡Qué bestia de mujer,
qué bestia!

¡Y esa boca roja, roja!
¡Rojísima!
¡Y qué ojos, hermano,
qué ojos!

¡Y qué tremendo chasis,
pero qué tremendo!
¡Ay, hermano, qué hembra!
¡Qué hembrón!

FAX 159

Sonata de malas palabras.

Chucha madre,
una valiente y severenda
reflauta,
la grandísima puta.

¡Qué cabreado que estoy,
carajo.
¡Qué pendejo!
Soy un grandísimo güevón.
¡Un maricón!

¡Ah, chucha madre!
¡Ah, qué pendejo!
¡Qué bestia!
Pero qué bruto.
¡Qué animal que soy!

Díganme si no soy un tonto,
un bruto. Una bestia.
Pero si la tenía ahí,
a mi lado.
Estábamos solitos.

Así, como oyen, nadie
alrededor. Y carajo.
Dejé que, desnudita,
perfumada,
y vestidita de ardientes besos,
se me escapara mi Eva.

¡Ah, esta renegrida vida!
Esta puta mala suerte
que me persigue.
Díganme hermanos si no soy
un maricón.

FAX 160

Como a una reina.

¿Por qué,
señor cliente,
cuando usted quiere algo
de comer
me mira en los ojos
como nunca antes nadie me ha mirado,
dictándome el menú?

Y cuando me alejo de usted
y voy a la cocina,
¿por qué mira mis piernas,
mis nalgas y mi cuello?

¿Y por qué,
cuando me inclino y coloco delante
de usted
lo que usted va a comer,
por qué mira el descote de mi vestido?

¿Se está enamorando
de mí?
¿Desea hacerme parte
del almuerzo?

¿Es usted un caníbal,
o un Don Juan?

Ni lo uno ni lo otro,
soy ciego, señorita.

FAX 161

Enigma.

¿Sabe usted
 por qué no me gustan
 los viejos?

¡No!

Tienen dos huevos
podridos
y
¡un pájaro muerto!

FAX 162

¿No me oyes?
¿Me oyes o no?
¿Me estás oyendo?

Sal de ahí, ahorita
mismo.
Te lo ordeno.

Que salgas te digo.
Que salgas de ahí te digo.

¿No me
oyes?

¿Me oyes
o no?

¿Me estás oyendo?

¡Responde!

Es muy peligroso,
peligrosísimo. ¡Cuidado!
Ten mucho cuidado.

Contrólate cariño,
contrólate.

Antes de que sea
demasiado tarde, sal de ahí,
ahorita mismo.
Te lo ordeno.

¿No me
oyes?

¿Me oyes
o no?

¿Me estás oyendo?

¡Responde!
¡Que respondas te digo!

FAX 164

Suicidarte tú, ¿por mí? ja-ja.

Eres un atrevido
pero quédate.
Pásame la toalla.
Gracias.

Ya regreso.
Mientras tanto,
sírvete un wisky.
Estás en tu casa.

Si te agrada
puedes poner un poco
de música.
No me molesta.

Ya estoy de vuelta.
¿Qué quieres?
Si vienes por lo de siempre,
ni hablar.

Suicidarte tú, ¿por mí?
ja-ja.

No me hagas reír.
Es lo más cómico
que he oído en mi vida.

FAX 165

**Aunque pegue,
aunque mate, marido es.**

Si eres tan machote,
vuelve a pegarme.
Atrévete una vez más.
Atrévete. Atrévete.

Y toma, pégame con esto
si te crees tan valiente
pegadorcito de mujeres.
¡Cobarde!
¡Grandísimo cobarde!

Eres un cobarde.
Cuando se te amenaza,
nunca pegas.
¡Traicionero! ¡Cobarde!

Y cuando me pegas,
lo haces
¿por qué me quieres mucho
o porque ya no puedes verme
ni en pintura?

Machote de mierda.
A ver. A ver. Vuelve a pegarme.
A ver, a ver, atrévete, pégame.
Pégame. Maltrátame.

FAX 166

¿Y si nos equivocamos?

¿Estás tan seguro?
¡Cuidado!
Porque si es mentira,
metemos la pata.

¿Crees que sin saber,
sin estar seguro
voy a buscar
la quinta pata del gato?

Yo tampoco
no quiero meterme
en camisa de once varas.
Ven, seguro que no nos
equivocamos.

¿Y si nos equivocamos?

¡Pero cómo nos vamos a equivocar!
Anda. Ven. Vamos. Apúrate.
¡Corramos!

FAX 167

¡Ni el agua hirviendo quema así!

¡Deja!
Y no, no lo toques.
¡Arde!

Ni el agua hirviendo
quema así.
Dando botes como un par de huevos
que, a patada limpia, lo están pelando.

¡Deja!
¡No seas mala!
¡Vete!

Y por ahí,
de donde nadie regresa
te dirán
que lo han acariciado.
Que no le han hecho daño.

Que era sólo para besarlo.
¡Deja!
Y no, no lo toques.

¡Arde!
¡Ni el agua hirviendo
quema así!

FAX 168

Día de las madres.

No mamacita. No me pegue más.
Perdóneme.
No lo volveré a hacer.
Le juro que no lo volveré a hacer

No mamacita, no me pegue más.
Ay, ay, no me pegue más mamacita.
Mamacita, le digo que no me pegue más.
Perdóneme.
Que me perdone le digo.
¿No me va a perdonar?

Entonces, tome, mátele a su hijo.
Tome, agarre mi navaja, y máteme.
Pero no me pegue más, mamacita.
No me pegue más. Perdóneme.

Que me perdone le digo.
Dios, perdónele a mi mamacita
que ya me jodió.
Ahora sí que ya me jodió.

FAX 169

Piropo.

Le acompaño señorita.

No, muchas gracias.
Sola me basto.
Y me sobro.

Hasta la esquinita no más, ¿eh?
Sólo hasta la esquinita.
No sea malita.

Retírese. Retírese.
Retírese ahorita mismo
o le doy
un carterazo.

¿Un qué? ¿Un abrazo?
No, no así tan de pronto, señorita...
Lupe... Margarita... ?
Yo quería sólo acompañarla.

Un carterazo dije, no un abrazo
indio atrevido, cholo baboso, rocoto.
Un carterazo te voy a dar

y no, un abrazo.

¿Ve? ¿Se oyó usted?
Acaba de nombrar, de volver a decir
abrazo
y así, tan de pronto, pues no vale,
déjeme acompañarla primero, ¿eh?

FAX 170

¿Y si yo te torturara en vez de amarte?

¿Y si yo te torturara
en vez de amarte?

Amarte, ya es una tortura.
¿No te has dado cuenta?

¿Te torturo?

Sí, pero, por favor, déjame muerta.
No me tortures más.

FAX 171

Premio a la mejor foto del año.

Corre, corre hermano.
Que si nos agarran.
Que si nos agarran no nos sueltan.
Que no nos cojan.
Que si nos cogen, nos jodemos.
Chucha madre,
pero si no podemos escaparnos.
Una valiente puta,
nos cogieron.
Y ahora sí que nos jodimos...
Ya nos jodimos.
Nos jodimos hermanito.
Nos van a sacar la mierda.
La chugcha nos van a sacar
estos desgraciados.

FAX 173

Sácale, métele, empuja...

Rómpele los cuadernos primero.
Rómpelo todo.
Sácale la mierda a los libros.
Y ahora sí, pégale
a este hijueputa. Sácale
la mierda.
Estudiando deberías estar
y no
gritando en las calles.
Toma, esto para que grites menos
y éste, TOMA desgraciado
para que no grites más.
Nunca más.

FAX 174

Pero si te digo que era una bromita.

No es para tanto hermano,
guarda eso.
Que te vas a cortar.
Lo dije de chiste.
Te lo juro. Así, por diosito.
Por las tres cruces.
De bromita no más era.

Pero si te digo que era una bromita.
No hermano, no me hagas eso.
Una bromita no más era.
Pero si te digo que era una bromita.

No hermano, no me hagas eso.
Una bromita no más era. Te juro.
Guarda eso, te vas a cortar.
Que te vas a cortar te digo.

Susana... es la culpa de Susana...
es la culpa... No hermano, así no vale,
me vas a manchar la camisa.

Mira como se está llenando de sangre,
ay hermanito, de bromita no más era.
Que te diga Susana. Susanita, dígale
a su hermano que yo no fui.

Yo fui el último pero no el primero.

FAX 175

Ciego dicen que es el amor.

Y no me jodas más.
Nunca jamás. Jamás. Jamás.
Que ya estoy hasta el cogote.
Sí, hasta aquí estoy, ya no puedo más.
Que no me jodas más te digo.
Lárgate, desaparece, esfúmate, muérete.
Sí, eso es, muérete.
Que te mueras te digo. Andate guapo,
enano repugnante. Vete.
No insistas. Te digo que no.
Y no te pongas a llorar.
Pórtate como un hombre, carajo.
Cuando el amor te dice no,
es no.

FAX 178

Purgatorio.

¡Ques pues, este atrevido!
Te imaginas, ¿vacilarme a mi?, ¿a mí?,
¿a una descendiente de los europeos?
¡Qué se habrá creído este longo de mierda!

Es longo, pero tiene carro.
Un carrazo.

¿De veras?
Conque ese indio feliz tiene auto.
Un tremendo automóvil.

Sí, un carrazo, parece catedral.
Y las enamoradas que se embarcan
en sus aerodinámicos asientos camas,
parecen almas penando.

¿Y por qué no me dijiste antes?
¿Conque este roccto tiene carro?
Bueno pues, que tenga carro.
Eso se compra, los carros.
Pero mis ojos azules, mi piel blanca
y mi pelo rubio, eso se lo hereda.

¿Los carros también, no?

Sí, tienes razón.
Los carros también se heredan.

Te digo una cosa Marisabel,
cásate con el rocoto ese.
Y tienes la vida asegurada. ¿Ves yo?
La tengo aseguradísima. Decídete.
Él irá al trabajo y nosotras dos, iremos
a Miami a gringuiarnos unos gringuitos.
¿Te decides?

FAX 179

Retrato.

Hija, no te sientas así,
con las piernitas abiertas.
Que no queremos que nos tomes fotos
y en color.

Bájese la faldita mijita,
una mujercita
tiene siempre que tener las piernitas
cerradas
y la faldita hasta los talones.

Sea obediente mijita.

FAX 180

Oveja negra.

¿Qué haces aquí, carajo, sinvergüenza
de mierda?
Condenado de los mil demonios.
Muérgano de mierda. Zoquete. Vago.
Pelón. Sucio.
Pendejo de mierda. Mantenido.
Y no te quedes ahí parado
abierta la jeta como un idiota.
Responde. Mudo. Eso eres. Un mudo.
Un perfecto idiota, igual que tu mamá.
Tonto. Tonto.
Grandísimo tonto.
Y tú, deja de llorar, de lamentarte
por haberme dado un hijo tan burro.
El colmo de bruto.
¿Qué he hecho yo, un buen padre de familia,
trabajador, honesto, patriota, religioso,
para que Dios me haya dado un hijo tan tonto
como su mamá?

FAX 181

Aquisito no más quédese.

Por favor, señor, no sea malito,
no me acompañe más.
Aquisito no más quédese.
Ya no me siga.
Ni mi sombra me sigue tanto como usted.
Le digo que no me siga. Váyase.
Que se vaya le digo.
Por lo que más quiera, le ruego, váyase.
Que se vaya le digo.
Pero qué pesado que es usted, váyase.

Pero de la puerta de mi casa no pasa, ¿eh?
¿Prometido? No. No. Así no vale.
Promesa es promesa. De aquí, de esta raya,
usted, señor, no pasa, no señor, usted
no pasa.

¿Que quiere un vasito de agua?
Sólo unito, ¿eh? Unito.
Nada más que unito. Luego se va.
¿Se va a ir?

Bueno, pase, pero sólo besitos.

Y besitos de enamorados. No de hombre y mujer.

No sea pesado, le dije que sólo besitos.
Qué pesado que se está portando usted.
Que me deje le digo.
No, no, por favor, quítese, retírese,
no, no, le dije que sólo besitos.

¿Para qué cierra con aldaba la puerta?
Abrala inmediatamente. Es una orden.
No está oyendo. Que la abra le digo.
Abra la puerta. Grito si no me abre.

Bueno, apague la luz.
Pero sólo un ratito, ¿eh?

FAX 184

**A mí también
me hubiera gustado verle la cara.**

¿En serio?
¡No te puedo creer!
¡Qué cómico!
Sigue, sigue contando.
¿Y después?
¿Sí, qué hizo después?

¿Qué pasó después...?
¿No...? ¿Eso hizo?
¡Qué papa!

Y tú. Sí, sí, ¿que hiciste
tú? ¡Qué barbaridad!
¿Se ha de haber llevado
un tremendo susto, ¿no?

A mí también me hubiera gustado
verle la cara.
¿Y terminó llorando o riendo?
Ja. Ja.

Que le sirva de ejemplo
y deje de ser tan cojudo.

Que aprenda.

FAX 185

Juramento.

Pero si te digo, cariño,
que ya no te quiero.
No es mi culpa, mi vida.
Y cuando hacemos el amor,
me arde, me duele y me hiere.
Lo tengo seco, reseco y contrareseco
y a tu miembro, antes lleno de almibar
lo siento más reseco todavía.
Piedra pómez y papel lija
me raspan y me hieren.
Y te juro, amor, que en esos dramáticos
momentos, quiero hasta matarte.
¿Me oyes? Matarte.
¿Qué quieres que haga?
No es mi culpa.
Podemos ser amigos,
si quieres, claro está.
Nadie te obliga.
Así, realmente, amigos.
Nos contaremos todo, todo.
Lo que nunca pudimos hacer
durante los siete años que ha durado
nuestra felicidad.

Seremos los más grandes confidentes.
¿De acuerdo?
¿Estás de acuerdo?
Y hasta, de vez en cuando,
como todos buenos amigos,
haríamos el amor?
¿Amigos... ?

FAX 186

Realmente lo ví.

Abrazados estaban.
Y se besaban.
Rodaban por la arena,
hasta el mar.

¿Viste en cine
o realmente?

Realmente lo ví.

¿Y quiénes eran?

Tú y Ella.

¿Yo y Ella?

Bueno, disculparás no más,
pero yo creía que eras tú.
Pero veo por la carota que pones
que no has sido tú.
Pero Ella, te lo juro, sí que era

Ella.

¿Y por qué mierda
me vienes con cuentos?

FAX 188

Feliz año nuevo.

¿Qué es la soledad?

Años difíciles.
La soledad es algo terrible,
terrible,
crees que todo el tiempo
vives
acompañado.

FAX 189

Te siento tan cerca, amor.

Estoy conciente, amor
que ya no te quiero
sin embargo, mi vida,
me gusta hacer el amor
contigo.

Te siento tan cerca, amor.
y tan mío, mi cielo
como si aún te quisiera.
Y,
no puedo, mi tormento, ni imaginarme
hacer el amor
con la persona que ahora
quiero, pues
temo perderlo.

FAX 190

Última Hora.

El

Tranquilita, sin protestar,
sin sudar,
sin una queja de protesta
o de alegría
se dejó arrinconar.

Ella

Tranquilito, sin protestar
sin sudar,
sin una queja de protesta
o de alegría
se dejó arrinconar

Y,
mutuamente,
tranquilitos, sin protestar,
sin sudar,
sin una queja de protesta
o de alegría, por el amor
se dejaron arrinconar.

FAX 191

De puro cabreo.

Y
de puro cabreo
a pesar de
que te quiero
no deseo verte más.

Y no quiero verte más
precisamente
por eso
porque te quiero.

Adiós

Fin

Todos estos poemas
fueron pensados en Quito
y escritos en París
en el año de 1984.

ACERCA DEL AUTOR

Telmo Herrera Carchi, Ecuador, 1948), escritor, director de teatro, actor y grafista abstracto. vivió sucesivamente en Sydney, Toronto, Madrid y Sevilla. Desde 1973 reside en París en donde se ha dedicado al ejercicio de sus tres pasiones cardinales: la escritura, el teatro y las bellas artes.

Su obra narrativa ha merecido el reconocimiento de la crítica internacional desde 1985, cuando su novela Papá murió hoy, fue galardonada como finalista del premio Nadal, uno de los más prestigiosos que se conceden en España" y publicado por Ediciones Destino, de Barcelona, con el número 586 de su colección "Ancora y Delfin".

Desde 1976 ha publicado en revistas de literatura de América Latina, España y Francia, cuentos y poemas. Recientemente debutó como actor de cine protagonizando al personaje "La Bestia" del filme ecuatoriano "Un Titán en el Ring" (2003), dirigido por Viviana Cordero. En el 2018 recibió la Medalla de honor como ciudadano ilustre de los países latinoamericanos otorgado por el presidente del Senado Francés, Gérard Larcher.

Ha publicado siete novelas: *Papá Murió Hoy*, *La Cueva*, *Lucero*, *El cura loco y 37 vírgenes de santa rosa*, *El mirón*, *Al margen* y *El toro negro*, recientemente editada.

Ha publicado *Personajes* tomo de teatro con nueve obras, editorial Atopia, Sevilla: "Ayúdame", "Dos Personajes", "El Auto o la cicatriz del muslo derecho de Adela", "El Perfecto", "El Supremo," "Las joyas de la familia", "los

Chiquillos" "Celos Joviales" y "El provocador y la protagonista".

Seis libros de poesía. "La publicidad cuentos de hadas del siglo XX" "Correo aéreo", "Algo así como un poema 78", "Desde la capital de los MalGenios ", "Itaca/Luzmila". Fax, teatro te quiero".

Poeta homenajeado en la 4ta Conferencia Global de Universidades e Investigadores en temas Hispanoamericanos, New York 2020 bajo la dirección de bi/Coa: Base Intercultural / Community of the Américas.

Autor invitado por la Fundación Cultural Miguel Hernández, de Orihuela, España y La Cátedra Iberoamericana Industrias Culturales y Creativas de la Universidad Miguel Hernández, con su poemario "La ciudad de los MalGenios".

NOVELAS

2020: *El toro negro*. Editorial de la Casa de la Cultura del Carchi, Ecuador.
2018: *El mirón*. Editorial de la Casa de la Cultura del Carchi, Ecuador.
2018: *Al margen*. Editorial extravertida. Colección Naginata Arma poética. Sevilla, España.
2018: *El cura loco y las treinta y siete vírgenes de Santa Rosa*. Decultura Ediciones. Sevilla, España.
2016: 2da edición de *La Cueva*. Decultura Ediciones. Sevilla, España.
2016: 2da edición de *Papá murió hoy*. Decultura Ediciones. Sevilla, España.

2005: *Le prêtre fou et les trente-sept Vierges de Santa* Rosa (El cura loco y las treinta y siete vírgenes de Santa Rosa). Indigo-côté femme ediciones, París.
2003: 2a. edición de *La Cueva* Edición Paradiso – Quito, Ecuador.
2001: 2a. y 3a. ediciones de *Papá Murió Hoy* Edición Paradiso – Quito.
1999: *Lucero* Edición Artes Finales – París.
1995: *La Cueva* Edición Antoine Soriano – París.
1985: *Papá Murió Hoy* Edición Destino en 1985. Barcelona.

Poesía

2023: *Teatro Fax Te Quiero* Edición Nueva York Poetry Press - NY.
2020: *Desde la capital de los MalGenios* Edición BiCoa / Fundación Cultural Miguel Hernández - New York.
2000: *Desde la capital de los MalGenios* Edición Artes finales - París.
1981: *Algo así como un poema '78* Edición Playor - Madrid.
1978: *Correo Aéreo-Par avion-Air Mail* Edición C.A.A – Sevilla.
1977: *La publicidad, cuentos de hadas del siglo XX* Edición C.A.A - Sevilla.

Teatro

2017: *Personajes* Atopía Editorial – Sevilla.
- *Ayudame*
- *Dos personajes*
- *El Auto*
- *El Perfecto*
- *El provocador y la protagonista*
- *El Supremo*
- *Las joyas de la familia*
- *Los chiquillos*
- *El Provocador y la Protagonista*

ÍNDICE

Fax Teatro Te Quiero
(Antología personal)

Prólogo · 11
Palabras del autor · 21
Fax 1 · 29
Fax 2 · 31
Fax 3 · 32
Fax 4 · 33
Fax 5 · 35
Fax 7 · 36
Fax 8 · 38
Fax 10 · 39
Fax 11 · 40
Fax 13 · 41
Fax 14 · 42
Fax 17 · 43
Fax 18 · 44
Fax 19 · 45
Fax 21 · 46
Fax 22 · 47
Fax 23 · 48
Fax 24 · 50
Fax 26 · 52

Fax 27 ·	53
Fax 28 ·	55
Fax 29 ·	57
Fax 30 ·	58
Fax 31 ·	59
Fax 32 ·	61
Fax 33 ·	62
Fax 36 ·	63
Fax 37 ·	65
Fax 38 ·	66
Fax 39 ·	68
Fax 40 ·	70
Fax 42 ·	71
Fax 43 ·	72
Fax 45 ·	73
Fax 46 ·	75
Fax 47 ·	77
Fax 48 ·	78
Fax 49 ·	80
Fax 50 ·	82
Fax 53 ·	83
Fax 53 Bis ·	85
Fax 55 ·	87
Fax 57 ·	88
Fax 59 ·	90
Fax 60 ·	91
Fax 61 ·	92
Fax 62 ·	94

Fax 63 · 95
Fax 64 · 97
Fax 65 · 98
Fax 66 · 99
Fax 69 · 100
Fax 70 · 101
Fax 71 · 103
Fax 72 · 105
Fax 73 · 106
Fax 74 · 108
Fax 75 · 110
Fax 76 · 111
Fax 77 · 112
Fax 81 · 113
Fax 82 · 115
Fax 84 · 118
Fax 85 · 119
Fax 87 · 121
Fax 88 · 123
Fax 89 · 125
Fax 90 · 127
Fax 92 · 129
Fax 93 · 131
Fax 96 · 133
Fax 98 · 134
Fax 99 · 135
Fax 101 · 136
Fax 102 · 138

Fax 104 · 140
Fax 106 · 141
Fax 107 · 142
Fax 110 · 143
Fax 112 · 145
Fax 113 · 146
Fax 115 · 148
Fax 116 · 150
Fax 117 · 151
Fax 118 · 153
Fax 120 · 155
Fax 121 · 156
Fax 123 · 158
Fax 124 · 160
Fax 126 · 161
Fax 127 · 162
Fax 128 · 163
Fax 129 · 164
Fax 131 · 166
Fax 133 · 167
Fax 134 · 168
Fax 135 · 169
Fax 136 · 170
Fax 137 · 172
Fax 139 · 173
Fax 140 · 174
Fax 141 · 175
Fax 142 · 176

Fax 143 · 177
Fax 144 · 178
Fax 145 · 179
Fax 147 · 180
Fax 148 · 182
Fax 149 · 183
Fax 150 · 184
Fax 151 · 186
Fax 153 · 188
Fax 154 · 189
Fax 155 · 190
Fax 156 · 192
Fax 157 · 193
Fax 158 · 195
Fax 159 · 196
Fax 160 · 198
Fax 161 · 200
Fax 162 · 201
Fax 163 · 203
Fax 165 · 205
Fax 166 · 207
Fax 167 · 208
Fax 168 · 210
Fax 169 · 211
Fax 170 · 213
Fax 171 · 214
Fax 173 · 215
Fax 174 · 216

Fax 175 · 218
Fax 178 · 219
Fax 179 · 221
Fax 180 · 222
Fax 181 · 223
Fax 184 · 225
Fax 185 · 227
Fax 186 · 229
Fax 188 · 231
Fax 189 · 232
Fax 190 · 233
Fax 191 · 234

Acerca del autor · 243

STONE OF MADNESS COLLECTION
COLECCIÓN PIEDRA DE LA LOCURA
Personal Anthologies
(Homage to Alejandra Pizarnik)

1
Colección Particular
Juan Carlos Olivas (Costa Rica)

2
Kafka en la aldea de la hipnosis
Javier Alvarado (Panamá)

3
Memoria incendiada
Homero Carvalho Oliva (Bolivia)

4
Ritual de la memoria
Waldo Leyva (Cuba)

5
Poemas del reencuentro
Julieta Dobles (Costa Rica)

6
El fuego azul de los inviernos
Xavier Oquendo Troncoso (Ecuador)

7
Hipótesis del sueño
Miguel Falquez Certain (Colombia)

8
Una brisa, una vez
Ricardo Yáñez (México)

9
Sumario de los ciegos
Francisco Trejo (México)

10
A cada bosque sus hojas al viento
Hugo Mujica (Argentina)

11
Espuma rota
María Palitachi a.k.a. Farazdel (Dominican Rep.)

12
Poemas selectos / Selected Poems
Óscar Hahn (Chile)

13
Los caballos del miedo / The Horses of Fear
Enrique Solinas (Argentina)

14
Del susurro al rugido
Manuel Adrián López (Cuba)

15
Los muslos sobre la grama
Miguel Ángel Zapata (Perú)

16
El árbol es un pueblo con alas
Omar Ortiz (Colombia)

17
Demasiado cristal para esta piedra
Rafael Soler (España)

18
Sobre la tierra
Carmen Nozal (España/México)

19
Trofeos de caza
Alfredo Pérez Alencart (España/Perú)

20
Fax Teatro Te Quiero
Telmo Herrera (Francia/Ecuador)

Collections

Poetry

ADJOINING WALL
PARED CONTIGUA
Spaniard Poetry
Homage to María Victoria Atencia (Spain)

BARRACKS
CUARTEL
Awards Winning Works
Homage to Clemencia Tariffa (Colombia)

CROSSING WATERS
CRUZANDO EL AGUA
Poetry in Translation (English to Spanish)
Homage to Sylvia Plath (United States)

DREAM EVE
VÍSPERA DEL SUEÑO
Hispanic American Poetry in USA
Homage to Aida Cartagena Portalatin (Dominican Republic)

FEVERISH MEMORY
MEMORIA DE LA FIEBRE
Feminist Poetry
Homage to Carilda Oliver Labra (Cuba)

FIRE'S JOURNEY
TRÁNSITO DE FUEGO
Central American and Mexican Poetry
Homage to Eunice Odio (Costa Rica)

INTO MY GARDEN
English Poetry
Homage to Emily Dickinson (United States)

LIPS ON FIRE
LABIOS EN LLAMAS
Opera Prima
Homage to Lydia Dávila (Ecuador)

LIVE FIRE
VIVO FUEGO
Essential Ibero American Poetry
Homage to Concha Urquiza (Mexico)

REVERSE KINGDOM
REINO DEL REVÉS
Children's Poetry
Homage to María Elena Walsh (Argentina)

Children's Literature

KNITTING THE ROUND
TEJER LA RONDA
Homage to Victoria Ocampo (Chile)

Fiction

INCENDIARY
INCENDIARIO
Homage to Beatriz Guido (Argentina)

Drama

MOVING
MUDANZA
Homage to Elena Garro (México)

Essay

SOUTH
SUR
Homage to Victoria Ocampo (Argentina)

Non Fiction

BREAK-UP
DESARTICULACIONES
Homage to Silvia Molloy (Argentina)

Para los que como Alejandra Pizarnik, *toda la noche [hacen] la noche, toda la noche [escriben], palabra por palabra [escriben] la noche*, este libro se terminó se publicó en el mes de febrero de 2024 en los Estados Unidos de América.

www.ingramcontent.com/pod-product-compliance
Lightning Source LLC
Chambersburg PA
CBHW030105170426
43198CB00009B/496